中国铁建股份有限公司企业标准

悬挂式单轨交通机电系统技术标准

Technical Standard for Electromechanical System of Suspended Monorail Transit

Q/CRCC 33303—2020

主编单位：中国铁建电气化局集团有限公司
批准单位：中国铁建股份有限公司
施行日期：2021 年 5 月 1 日

人民交通出版社股份有限公司
2021·北京

图书在版编目(CIP)数据

悬挂式单轨交通机电系统技术标准／中国铁建电气化局集团有限公司主编. — 北京：人民交通出版社股份有限公司, 2021.4
　ISBN 978-7-114-17185-7

　Ⅰ.①悬…　Ⅱ.①中…　Ⅲ.①城市铁路—轨道交通—机电系统—技术标准　Ⅳ.①U239.5-65

中国版本图书馆 CIP 数据核字(2021)第 055058 号

标准类型：	中国铁建股份有限公司企业标准
标准名称：	**悬挂式单轨交通机电系统技术标准**
标准编号：	Q/CRCC 33303—2020
主编单位：	中国铁建电气化局集团有限公司
责任编辑：	曲　乐　李学会
责任校对：	孙国靖　龙　雪
责任印制：	张　凯
出版发行：	人民交通出版社股份有限公司
地　　址：	(100011) 北京市朝阳区安定门外外馆斜街 3 号
网　　址：	http://www.ccpcl.com.cn
销售电话：	(010) 59757973
总 经 销：	人民交通出版社股份有限公司发行部
经　　销：	各地新华书店
印　　刷：	北京印匠彩色印刷有限公司
开　　本：	880×1230　1/16
印　　张：	13.75
字　　数：	286 千
版　　次：	2021 年 4 月　第 1 版
印　　次：	2021 年 4 月　第 1 次印刷
书　　号：	ISBN 978-7-114-17185-7
定　　价：	75.00 元

(有印刷、装订质量问题的图书，由本公司负责调换)

中国铁建股份有限公司文件

中国铁建科创〔2020〕172 号

关于发布《铁路箱梁架设信息化施工技术规程》等 6 项中国铁建企业技术标准的通知

各区域总部，所属各单位：

现发布《铁路箱梁架设信息化施工技术规程》（Q/CRCC 13201—2020）、《大直径泥水盾构施工安全技术规程》（Q/CRCC 33302—2020）、《铁路建设项目水土保持施工及验收规程》（Q/CRCC 12701—2020）、《悬挂式单轨交通机电系统技术标准》（Q/CRCC 33303—2020）、《铁路车载移动测量技术规程》（Q/CRCC 13501—2020）和《盾构法水下交通隧道技术规程》（Q/CRCC 33304—2020），自 2021 年 5 月 1 日起实施。

6 项标准由人民交通出版社股份有限公司出版发行。

中国铁建股份有限公司
2020 年 12 月 23 日

前　言

本标准是根据中国铁建股份有限公司《关于下达 2019 年中国铁建企业技术标准编制计划的通知》（中国铁建科技〔2019〕127 号）的要求，由中国铁建电气化局集团有限公司编制完成。

本标准编制过程中，编制组进行了深入调查研究，系统地总结实践经验，广泛征求有关单位和专家意见，并与相关标准进行了协调，经反复讨论、修改，由中国铁建股份有限公司科技创新部审查定稿。

本标准共分 14 章，主要技术内容包括：1. 总则；2. 术语与缩略语；3. 基本规定；4. 通风、空调与供暖；5. 给水与排水；6. 供电；7. 通信；8. 信号；9. 综合调度自动化；10. 自动售检票系统；11. 电扶梯、站台门；12. 火灾自动报警系统；13. 安全防范；14. 系统联调与试运行。

本标准由中国铁建股份有限公司科技创新部负责管理，由中国铁建电气化局集团有限公司负责具体技术内容的解释。标准执行过程中如有意见或者建议，请寄送至中国铁建电气化局集团有限公司（地址：北京市石景山区石景山路 29 号，邮编：100043；电子邮箱：304967448@qq.com），以供今后修订时参考。

主 编 单 位： 中国铁建电气化局集团有限公司

参 编 单 位： 北京中铁建电气化设计研究院有限公司
中铁建电气化局集团第一工程有限公司

主要起草人员： 王晓明　秦俊非　连　进　裴晓娟　宋廷珍　赵灵燕
乔　桢　张　硕　罗颖欣　詹秀峰　黄　磊　王亚玲
李建磊　伏松平　周　明　王振文　樊　桃　阚绍忠
黄国胜　张　平　乔建敏　马冀元　施亚辉　董建林
李文友　陈　洁　汤华奇　王军栋　杨晓燕　王　欣
康希旭　李　振　王孝忠　袁德民　蔡　景　秦　帅
李治国

主要审查人员： 朱飞雄　肖金凤　黄纯昉　孙名刚　吴名利　刘长志
白国岩　周林明　赵华伟　李庆民　张立青　冯栓友
弓　剑　李　科　蔡宝勇　张守华　张　骏　岳渠德

目　次

1 总则 ·· 1
2 术语与缩略语 ··· 2
　2.1 术语 ·· 2
　2.2 缩略语 ·· 2
3 基本规定 ·· 4
　3.1 一般规定 ·· 4
　3.2 设计 ·· 4
　3.3 施工 ·· 4
　3.4 施工质量验收 ·· 7
4 通风、空调与供暖 ··· 9
　4.1 一般规定 ·· 9
　4.2 设计 ·· 10
　4.3 风管与配件制作 ·· 11
　4.4 风管安装 ·· 13
　4.5 设备安装 ·· 15
　4.6 抗震支架与吊架 ·· 15
　4.7 防腐与绝热 ·· 16
　4.8 施工质量验收 ·· 16
　4.9 单机调试 ·· 19
5 给水与排水 ·· 20
　5.1 一般规定 ·· 20
　5.2 设计 ·· 21
　5.3 区间给水与排水管道安装 ·· 23
　5.4 给水工程施工 ·· 24
　5.5 排水工程施工 ·· 27
　5.6 施工质量验收 ·· 29
6 供电 ·· 30
　6.1 一般规定 ·· 30
　6.2 变电所设计 ·· 31
　6.3 接触轨设计 ·· 35
　6.4 电缆设计 ·· 36

6.5 动力与照明设计	37
6.6 电力监控系统设计	39
6.7 变电所施工	42
6.8 接触轨安装	50
6.9 电缆敷设	52
6.10 动力与照明施工	54
6.11 电力监控系统施工	56
6.12 防雷、接地安装	57
6.13 变电所工程施工质量验收	59
6.14 接触轨施工质量验收	62
6.15 电缆施工质量验收	64
6.16 动力与照明施工质量验收	64
6.17 电力监控系统施工质量验收	66
6.18 防雷、接地施工质量验收	67
7 通信	**69**
7.1 一般规定	69
7.2 通信线路设计	70
7.3 传输系统设计	70
7.4 无线通信系统设计	71
7.5 电话系统设计	71
7.6 视频监视系统设计	72
7.7 广播系统设计	73
7.8 时钟系统设计	74
7.9 办公自动化系统设计	74
7.10 乘客信息系统设计	75
7.11 防灾通信设计	75
7.12 电源及接地设计	75
7.13 设备安装及管线敷设	76
7.14 通信线路工程施工	80
7.15 传输系统施工	83
7.16 无线通信系统施工	86
7.17 电话系统施工	90
7.18 视频监视系统施工	91
7.19 广播系统施工	93
7.20 时钟系统施工	93
7.21 办公自动化系统施工	96

7.22	乘客信息系统施工	96
7.23	电源及接地系统施工	97
7.24	设备安装和管线施工质量验收	101
7.25	通信线路施工质量验收	103
7.26	传输系统施工质量验收	105
7.27	无线通信系统施工质量验收	106
7.28	电话系统施工质量验收	107
7.29	视频监视系统施工质量验收	108
7.30	广播系统施工质量验收	109
7.31	时钟系统施工质量验收	110
7.32	办公自动化系统施工质量验收	111
7.33	乘客信息系统施工质量验收	112
7.34	电源及接地系统施工质量验收	113
8	**信号**	**114**
8.1	一般规定	114
8.2	列车自动控制系统设计	115
8.3	信号供电设计	120
8.4	电磁兼容与防护设计	120
8.5	与道岔控制系统接口设计	121
8.6	其他设计	121
8.7	信号机及标志牌安装	121
8.8	光缆与电缆线路敷设	122
8.9	计轴设备安装	125
8.10	DCS轨旁部分施工	126
8.11	信标安装	126
8.12	箱盒施工	127
8.13	室内设备安装	128
8.14	防雷及接地施工	130
8.15	信号机及标志牌施工质量验收	133
8.16	光缆与电缆线路施工质量验收	134
8.17	计轴设备施工质量验收	136
8.18	DCS轨旁部分施工质量验收	137
8.19	信标施工质量验收	138
8.20	按钮箱施工质量验收	138
8.21	室内设备施工质量验收	138
8.22	防雷及接地施工质量验收	141

9 综合调度自动化 142
9.1 一般规定 142
9.2 设计 142
9.3 管线敷设 145
9.4 设备安装 146
9.5 线缆端接 147
9.6 单机调试 147
9.7 施工安装验收 148
9.8 系统功能验收和性能验收 148

10 自动售检票系统 150
10.1 一般规定 150
10.2 设计 151
10.3 管槽安装 154
10.4 线缆敷设 156
10.5 设备安装 157
10.6 防雷与接地 159
10.7 施工质量验收 159

11 电扶梯、站台门 161
11.1 一般规定 161
11.2 电梯及自动扶梯设计 161
11.3 站台门设计 162

12 火灾自动报警系统 165
12.1 一般规定 165
12.2 防烟、排烟与事故通风设计 165
12.3 防灾用电与疏散指示标志设计 166
12.4 火灾自动报警系统设计 167
12.5 布线 168
12.6 系统部件安装 169
12.7 系统接地 169
12.8 系统调试 170
12.9 施工质量验收 171

13 安全防范 173
13.1 一般规定 173
13.2 入侵报警系统设计 173
13.3 门禁系统设计 174
13.4 电子巡查系统设计 174

13.5 安全检查系统设计 ... 174
13.6 防雷及接地设计 ... 175
13.7 入侵报警系统施工 ... 175
13.8 门禁系统施工 ... 175
13.9 电子巡查系统施工 ... 176
13.10 安全检查系统施工 ... 176
13.11 防雷及接地施工 ... 176
13.12 入侵报警系统施工质量验收 ... 176
13.13 门禁系统施工质量验收 ... 177
13.14 电子巡查系统施工质量验收 ... 177
13.15 安全检查系统施工质量验收 ... 177
13.16 防雷及接地施工质量验收 ... 178

14 系统联调与试运行 ... 179
14.1 一般规定 ... 179
14.2 系统联调前提条件 ... 179
14.3 系统功能测试检验 ... 181
14.4 应急和演练 ... 185
14.5 试运行 ... 185

附录A 单位工程、分部工程、分项工程和检验批划分表 ... 186
本标准用词说明 ... 196
引用的标准规范名录 ... 197
涉及专利和专有技术名录 ... 200

Contents

1 General ·· 1
2 Terms and Abbreviations ··· 2
   2.1 Terms ·· 2
   2.2 Abbreviations ··· 2
3 Basic Requirements ·· 4
   3.1 General Provisions ··· 4
   3.2 Design ··· 4
   3.3 Construction ··· 4
   3.4 Construction Quality Acceptance ·· 7
4 Ventilation, Air Conditioning and Heating ··· 9
   4.1 General Provisions ··· 9
   4.2 Design ··· 10
   4.3 Manufacture of Air Duct and Accessories ··· 11
   4.4 Air Duct Installation ··· 13
   4.5 Equipment Installation ·· 15
   4.6 Seismic Support Hanger ·· 15
   4.7 Anti Corrosion and Thermal Insulation ·· 16
   4.8 Construction Quality Acceptance ·· 16
   4.9 Single Machine Debugging ··· 19
5 Water Supply and Drainage ·· 20
   5.1 General Provisions ··· 20
   5.2 Design ··· 21
   5.3 Installation of Section Water Supply and Drainage Pipeline ······························· 23
   5.4 Water Supply Engineering Construction ··· 24
   5.5 Drainage Engineering Construction ··· 27
   5.6 Construction Quality Acceptance ·· 29
6 Power Supply ·· 30
   6.1 General Provisions ··· 30
   6.2 Substation Design ·· 31
   6.3 Design of Contact Rail ·· 35
   6.4 Cable Design ·· 36

6.5	Power and Lighting Design		37
6.6	Design of Power Monitoring System		39
6.7	Substation Construction		42
6.8	Installation of Contact Rail		50
6.9	Cable Laying		52
6.10	Power and Lighting Construction		54
6.11	Construction of Power Monitoring System		56
6.12	Lightning Protection and Grounding Installation		57
6.13	Construction Quality Acceptance of Substation Project		59
6.14	Construction Quality Acceptance of Contact Rail		62
6.15	Cable Construction Quality Acceptance		64
6.16	Power and Lighting Construction Quality Acceptance		64
6.17	Construction Quality Acceptance of Power Monitoring System		66
6.18	Lightning Protection and Grounding Construction Quality Acceptance		67
7	**Communication**		**69**
7.1	General Provisions		69
7.2	Communication Line Design		70
7.3	Transmission System Design		70
7.4	Wireless Communication System Design		71
7.5	Telephone System Design		71
7.6	Design of Video Surveillance System		72
7.7	Broadcasting System Design		73
7.8	Clock System Design		74
7.9	Design of Office Automation System		74
7.10	Design of Passenger Information System		75
7.11	Design of Disaster Prevention Communication		75
7.12	Power Supply and Grounding Design		75
7.13	Equipment Installation and Pipeline Laying		76
7.14	Communication Line Engineering Construction		80
7.15	Transmission System Construction		83
7.16	Construction of Wireless Communication System		86
7.17	Telephone System Construction		90
7.18	Construction of Video Monitoring System		91
7.19	Broadcasting System Construction		93
7.20	Clock System Construction		93
7.21	Construction of Office Automation System		96

7.22	Construction of Passenger Information System	96
7.23	Construction of Power Supply and Grounding System	97
7.24	Equipment Installation and Pipeline Construction Quality Acceptance	101
7.25	Construction Quality Acceptance of Communication Line	103
7.26	Construction Quality Acceptance of Transmission System	105
7.27	Construction Quality Acceptance of Wireless Communication System	106
7.28	Telephone System Construction Quality Acceptance	107
7.29	Construction Quality Acceptance of Video Monitoring System	108
7.30	Construction Quality Acceptance of Broadcasting System	109
7.31	Construction Quality Acceptance of Clock System	110
7.32	Office Automation System Construction Quality Acceptance	111
7.33	Construction Quality Acceptance of Passenger Information System	112
7.34	Construction Quality Acceptance of Power Supply and Grounding System	113

8 Signal — 114

8.1	General Provisions	114
8.2	Design of Automatic Train Control System	115
8.3	Signal Power Supply Design	120
8.4	Electromagnetic Compatibility and Protection Design	120
8.5	Interface Design with Turnout Control System	121
8.6	Other Designs	121
8.7	Installation of Signal and Signboard	121
8.8	Optical Cable Laying	122
8.9	Installation of Axle Counter	125
8.10	DCS Trackside Construction	126
8.11	Beacon Installation	126
8.12	Box Construction	127
8.13	Indoor Equipment Installation	128
8.14	Lightning Protection and Grounding Construction	130
8.15	Signal and Signboard Construction Quality Acceptance	133
8.16	Optical Cable Line Construction Quality Acceptance	134
8.17	Construction Quality Acceptance of Axle Counter Equipment	136
8.18	Construction Quality Acceptance of DCS Trackside Part	137
8.19	Beacon Construction Quality Acceptance	138
8.20	Construction Quality Acceptance of Button Box	138
8.21	Construction Quality Acceptance of Indoor Equipment	138
8.22	Lightning Protection and Grounding Construction Quality Acceptance	141

9 Integrated Dispatching Automation ·············· 142
9.1 General Provisions ·············· 142
9.2 Design ·············· 142
9.3 Pipeline Laying ·············· 145
9.4 Equipment Installation ·············· 146
9.5 Cable Termination ·············· 147
9.6 Single Machine Debugging ·············· 147
9.7 Construction and Installation Acceptance ·············· 148
9.8 System Function Acceptance and Performance Acceptance ·············· 148

10 AFC System ·············· 150
10.1 General Provisions ·············· 150
10.2 Design ·············· 151
10.3 Pipe Groove Installation ·············· 154
10.4 Cable Laying ·············· 156
10.5 Equipment Installation ·············· 157
10.6 Lightning Protection and Grounding ·············· 159
10.7 Construction Quality Acceptance ·············· 159

11 Escalator, Platform Door ·············· 161
11.1 General Provisions ·············· 161
11.2 Design of Elevator and Escalator ·············· 161
11.3 Platform Door Design ·············· 162

12 Automatic Fire Alarm System ·············· 165
12.1 General Provisions ·············· 165
12.2 Smoke Control, Smoke Extraction and Accident Ventilation Design ·············· 165
12.3 Design of Power and Evacuation Signs for Disaster Prevention ·············· 166
12.4 Design of Automatic Fire Alarm System ·············· 167
12.5 Wiring ·············· 168
12.6 Installation of System Components ·············· 169
12.7 System Grounding ·············· 169
12.8 System Commissioning ·············· 170
12.9 Construction Quality Acceptance ·············· 171

13 Safety Precautions ·············· 173
13.1 General Provisions ·············· 173
13.2 Design of Intrusion Alarm System ·············· 173
13.3 Access Control System Design ·············· 174
13.4 Design of Electronic Patrol System ·············· 174

13.5	Design of Safety Inspection System	174
13.6	Lightning Protection and Grounding Design	175
13.7	Construction of Intrusion Alarm System	175
13.8	Access Control System Construction	175
13.9	Construction of Electronic Patrol System	176
13.10	Construction of Safety Inspection System	176
13.11	Lightning Protection and Grounding Construction	176
13.12	Construction Quality Acceptance of Intrusion Alarm System	176
13.13	Construction Quality Acceptance of Access Control System	177
13.14	Construction Quality Acceptance of Electronic Inspection System	177
13.15	Construction Quality Acceptance of Safety Inspection System	177
13.16	Lightning Protection and Grounding Construction Quality Acceptance	178

14 System Joint Commissioning and Commissioning ... 179
  14.1 General Provisions ... 179
  14.2 Premise of System Commissioning ... 179
  14.3 System Function Test and Inspection ... 181
  14.4 Emergency and Drill ... 185
  14.5 Commissioning ... 185

Appendix A Division Table of Unit Works, Divisional Works, Subdivisional Works and Inspection Lots ... 186

Explanation of Wording in This Standard ... 196

List of Quoted Standard ... 197

List of patents and Proprietary Technology ... 200

1 总则

1.0.1 为规范悬挂式单轨交通机电系统工程设计、施工和施工质量验收，做到安全可靠、功能合理、经济适用、节能环保、技术先进，制定本标准。

1.0.2 本标准适用于新建旅客列车最高运行速度不超过80km/h的悬挂式单轨交通机电系统工程的设计、施工、施工质量验收、系统联调及试运行等技术工作。

1.0.3 悬挂式单轨交通机电系统工程的设计、施工与施工质量验收除应符合本标准规定外，尚应符合国家现行有关标准和中国铁建股份有限公司现行有关技术标准的规定。

2 术语与缩略语

2.1 术语

2.1.1 悬挂式单轨交通 suspended monorail transit

车体悬挂于轨道梁下方的单轨交通形式。车辆采用橡胶车轮，列车走行装置位于梁轨合一的轨道梁内。车辆除走行轮外，转向架的两侧还有导向轮和稳定轮，其约束于轨道梁内的两侧腹板上。

条文说明

广义的悬挂式单轨交通是指悬挂在空中轨道上运行的一种轨道交通系统。按走行车轮与轨道梁的位置关系可分为内置式、外置式、上置式、索道式等类型。

2.1.2 轨道梁 track beam

承载列车荷载和车辆运行导向的结构，同时也是供电、信号、通信等缆线的载体，通常采用下部开口的钢箱梁结构。

2.1.3 道岔控制系统 integral turnout control system

悬挂式单轨交通中转换列车行驶线路的轨道转辙设备控制装置。

2.1.4 综合调度自动化系统 train integrated automated system

悬挂式单轨交通中将信号、通信、电力等机电系统设备纳入统一的数据信息平台进行实时监控和数据管理的计算机集成系统。

2.2 缩略语

2.2.1 典型缩略语

悬挂式单轨交通机电系统技术标准典型缩略语见表 2.2.1。

表 2.2.1 悬挂式单轨交通机电系统技术标准典型缩略语

序号	缩写词	英文解释	中文解释
1	AFC	Automatic Fare Collection	自动售检票系统

表 2.2.1（续）

序号	缩写词	英文解释	中文解释
2	ATC	Automatic Train Control	列车自动控制
3	ATO	Automatic Train Operation	列车自动运行
4	ATP	Automatic Train Protection	列车自动防护
5	ATS	Automatic Train Supervision	列车自动监控
6	AP	Access Point	接入点
7	BAS	Building Automatic System	环境设备监控系统
8	BMS	Battery Management System	电池管理系统
9	CBTC	Communications-Based Train Control	基于通信的列车控制
10	DCS	Data Communications System	数据通信系统
11	EMS	Element Management System	网元管理级系统
12	FAS	Fire Alarm System	火灾自动报警系统
13	GPS	Global Positioning System	全球定位系统
14	IP	Internet Protocol	网络互联协议
15	LCT	Local Craft Terminal	本地维护终端
16	LED	Light Emitting Diode	半导体发光二极管
17	MMS	Maintenance Management System	维护管理系统
18	MSTP	Multi-Service Transport Platform	多业务传输平台
19	MTBF	Mean Time Between Failure	平均无故障时间
20	NE	Network Element	网元
21	NTP	Network Time Protocol	网络时间协议
22	OTDR	Optical Time Domain Reflectometer	光时域反射仪
23	OTN	Open Transport Network	开放式传输网络
24	PDH	Plesiochronous Digital Hierarchy	准同步数字体系
25	PE	Protecting Earthing	保护地线
26	PMD	Polarization Mode Dispersion	偏振模色散
27	PSD	Platform Screen Doors	站台门
28	PTZ	Pan Tilt Zoom	安防监控器
29	RRU	Remote Radio Unit	遥控发射单元
30	SDH	Synchronous Digital Hierarchy	同步数字体系
31	STM	Synchronous Transport Module	同步传输模式
32	SIL	Safety Integrity Level	安全完整性等级
33	UPS	Uninterrupted Power System	不间断电源系统
34	WDM	Wavelength Division Multiplexing	波分复用

3 基本规定

3.1 一般规定

3.1.1 悬挂式单轨交通机电系统设计应遵循以人为本、资源节约、环境友好的设计原则，协调统一社会效益、环境效益与经济效益，合理采用技术标准。

3.1.2 悬挂式单轨交通工程的设计年限应分为初期、近期及远期。初期按建成通车后第3年确定，近期按建成通车后第10年确定，远期按建成通车后第25年确定。

3.1.3 悬挂式单轨交通机电系统应采用符合功能要求、技术经济合理、成熟可靠的产品，并应逐步实现标准化、系列化，立足于国内生产。

3.2 设计

3.2.1 悬挂式单轨交通机电系统应包括通风空调与供暖、给水与排水、供电、通信、信号、综合调度自动化、自动售检票、火灾自动报警、安全防范、电扶梯和站台门等子系统。

3.2.2 悬挂式单轨交通应具有防范火灾及其他各类灾害、事故、故障的措施，并设置紧急疏散及相关救援设施。

3.2.3 悬挂式单轨交通机电系统工程设计和设备选型应符合国家及地方的节能政策，并应采用高效、低耗设备。

3.3 施工

3.3.1 悬挂式单轨交通机电系统采用的新技术、新工艺、新材料与新设备，均应有通过专项技术鉴定验收合格的证明文件。

3.3.2 悬挂式单轨交通机电系统工程中的隐蔽工程，在覆盖前应经监理或建设单位验收及确认，宜留下影像资料。

3.3.3 施工单位应按悬挂式单轨交通机电系统施工质量验收相关条款进行检验，检验方法应符合国家现行标准的有关规定。

3.3.4 悬挂式单轨交通机电系统施工质量验收单位工程、分部工程、分项工程和检验批划分宜符合本标准附录 A 的要求。

3.3.5 施工调查应符合下列要求：
1 施工单位应依据设计文件及相关资料，进行施工调查，并编制施工调查报告。
2 施工调查应包括工程概况、施工条件、接口工程建设情况、施工材料检查、施工范围内既有地下管线等设备路径、相关防雷设施和接地条件等。

3.3.6 图纸会审应符合下列要求：
1 施工前施工单位应对正式施工图进行现场核对，发现与设计不符时应与建设、设计、监理单位联系解决，施工图核对完毕应留存完整的记录。
2 施工图核对内容应包括：图纸的组成内容符合有关规定，施工图纸齐全并与现场一致，设计说明书、工程数量表及主要设备和器材的规格、数量表应与图纸相符等。

3.3.7 施工方案的编制应符合下列要求：
1 施工方案应符合安全可靠、技术先进的原则。
2 施工单位应根据土建相关工程进度和设备到货等情况合理选择施工方案，安排施工进度计划。

3.3.8 施工机具、仪器、仪表配置应符合下列要求：
1 施工机具、仪器、仪表的配置应符合施工内容、工期及质量控制需要。
2 工程测量、监测、试验、检查、测试、调试所用的设备、仪器、仪表、工具应在计量检定有效期内。
3 施工单位应设专人维护施工机具、仪器、仪表。

3.3.9 悬挂式单轨轨道梁附近施工宜采用悬挂式单轨交通电动施工作业平台。

条文说明

悬挂式单轨轨道梁外侧面、上部等部位施工宜采用悬挂式单轨交通电动施工作业平台。作业平台包括平台架和平台架上连接有驱动平台架移动的行走装置，行走装置安装在箱梁内，通过连接板与平台架固装在一起，行走装置包括行走车架、电池组、电动系统控制器、驱动电机和制动装置。

3.3.10 设备和材料配置应符合下列要求：

1 设备和材料的规格、数量、进场时间应符合施工进度要求，对特殊设备材料应提供准确的供应计划。
2 按有关规定核查供应方出具的设备和材料产品质量证明文件，设备和材料的规格、型号应符合设计文件要求。
3 设备和材料仓储的防盗、防火、防潮、防晒、防雨等措施应符合有关规定。

3.3.11 人力资源的配置应符合工程规模、进度安排、专业技术等要求。

3.3.12 施工单位应对施工人员进行技能和安全岗前培训，特殊工种作业人员应持证上岗。

3.3.13 悬挂式单轨交通机电系统各专业关键工序应编制施工作业指导书，施工作业指导书应包括适用范围、作业准备、技术要求、施工工序及工艺流程、施工要求、劳动组织、材料要求、设备机具配置、质量控制及检验、安全及环保要求等内容。

3.3.14 施工技术交底应符合下列要求：
1 分部工程、分项工程、关键工序、专项方案实施前，施工单位应进行施工技术交底。
2 施工技术交底应根据施工进度分阶段进行，并应包括质量目标和要求、安全目标和要求、环境保护目标和要求、施工部位、工艺流程及工艺标准、验收标准、施工材料、施工机具、仪器和仪表、操作要点、施工质量控制点等内容。

条文说明

施工技术交底应分级进行。项目总工程师对项目部有关部门及技术人员进行技术交底。技术主管人员对作业队技术负责人进行技术交底。作业队技术负责人对班组长及全体作业人员进行技术交底。

3.3.15 首件工程应按照标准化管理要求实行首件工程评估制度，机电系统各专业首件工程的关键工序应包括下列内容：
1 通风、空调与供暖系统首件工程的关键工序应包括风管系统安装及保温、风机与空气处理安装、空调水设备安装、空调水系统安装及保温等。
2 给水与排水系统首件工程的关键工序应包括管道及管件安装，水泵安装，阀门、仪表安装，消防器材安装，管道防腐与保温施工等。
3 供电系统首件工程的关键工序应包括变电所设备安装、接触轨系统安装、电缆敷设及接线、屏柜及二次配线、交流与直流电源装置安装、防雷与接地施工等。
4 通信系统首件工程的关键工序应包括室内设备安装、室内布线及配线、室外线缆敷设、接地与防雷系统施工等。

5 信号系统首件工程的关键工序应包括信号机安装、列车检测设备安装、室内设备安装、车地无线通信设备安装、箱盒安装、光缆与电缆敷设等。

6 综合调度自动化系统首件工程的关键工序应包括综合调度自动化设备安装与配线、电力监控设备安装与配线、环境与设备监控设备安装与配线等。

7 自动售检票系统首件工程的关键工序应包括终端设备安装、室内机柜安装及配线、防水线槽安装、钢管安装、线缆布放等。

8 火灾自动报警系统首件工程的关键工序应包括设备安装与配线、线缆布放和系统单机调试等。

9 安全防范系统首件工程的关键工序应包括入侵报警系统设备安装与配线、门禁系统设备安装与配线、电子巡查系统设备安装与配线、安全检查系统设备安装与配线、线缆布放等。

3.3.16 工序之间应进行交接检验，上道工序应符合下道工序的施工条件和技术要求。相关专业工序之间接口的交接检验应经监理工程师检查认可，未经检查或经检查不合格的不应进行下道工序施工。

3.4 施工质量验收

3.4.1 材料、设备进场验收应符合下列规定：
1 按进场批次进行检验。
2 产品规格、型号、数量、质量应符合设计要求和有关产品标准规定。
3 合格证、质量验收报告等质量证明文件以及说明书等产品技术文件应齐全，并应符合设计文件和订货合同要求。
4 部件应齐全并连接可靠。
5 外观完整，不应有损伤、变形、锈蚀或氧化、机械损伤，门盖开关不应有卡阻。
6 瓷件表面应光滑，不应有裂纹；瓷、铁件粘接应牢固；铸件不应有砂眼。
7 绝缘件不应有变形、受潮、裂纹、表层剥落等缺陷。
8 铭牌、标识应完整清晰。

3.4.2 设备开箱检查应符合下列规定：
1 开箱前外包装不应受损或受潮。
2 开箱后设备的名称、规格、型号、技术条件应符合设计要求，产品说明书、合格证、随机清单和设备技术文件应齐全。
3 主机附件、专用工具、备用配件等应齐全，设备表面不应有缺损、锈蚀、受潮等现象。

3.4.3 悬挂式单轨交通机电系统施工质量验收应按检验批、分项工程、分部工程、单位工程的顺序进行，分项、分部工程划分应符合现行国家标准《地下铁道工程施工质量验收标准》（GB/T 50299）的有关规定。

3.4.4 各工序施工完成后，施工单位应进行自检，自检合格后报监理单位验收，并形成验收记录。

3.4.5 单位工程完工后，施工单位应自行组织有关人员进行检查，合格后向建设单位提交单位工程验收申请。

3.4.6 悬挂式单轨交通机电系统施工质量应按下列要求验收：
  1 工程施工质量应符合本标准和国家现行有关标准的规定。
  2 工程施工质量应符合工程设计文件和工程合同的要求。
  3 工程施工质量的验收均应在施工单位自行检查评定合格的基础上进行。

4 通风、空调与供暖

4.1 一般规定

4.1.1 悬挂式单轨交通工程的内部空气环境范围应包括车站、区间隧道、控制中心、车辆基地等。内部空气环境应采用通风、空调与供暖系统进行控制，其空气质量、温度、湿度、气流组织、气流速度、压力变化和噪声等应能符合人员的生理及心理条件要求和设备正常运转的需要。

4.1.2 通风、空调系统应按预测的远期客流量和最大的通过能力设计，设备宜按近期和远期配置，并宜分期实施。

4.1.3 通风、空调系统设计应采用运营节能措施，设备选型和配置宜选用高效、节能、紧凑型设备，并宜利用自然冷、热源。

4.1.4 通风、空调与供暖系统的设备、管道及配件布置应为安装、操作、测量、调试和维修预留空间位置，通风和空调系统的机房内应设置设备冲洗设施。

4.1.5 地下车站及全封闭区间隧道的通风空调及供暖设计可按现行国家标准《地铁设计规范》（GB 50157）执行，本章条文主要适用于高架车站的通风、空调及供暖设计。

4.1.6 通风、空调与供暖系统的施工内容应包括风管与配件制作、风管安装、设备安装、抗震支架与吊架安装、防腐与绝热、防雷与接地和单机调试等。

4.1.7 通风、空调与供暖系统的设计、施工及施工质量验收应符合现行国家标准《民用建筑供暖通风与空气调节设计规范》（GB 50736）、《工业建筑供暖通风与空气调节设计规范》（GB 50019）、《通风与空调工程施工规范》（GB 50738）、《地下铁道工程施工质量验收标准》（GB/T 50299）、《地下铁道工程施工标准》（GB/T 51310）和《通风与空调工程施工质量验收规范》（GB 50243）的有关规定。

4.1.8 通风、空调与供暖系统施工质量验收单位工程、分部工程、分项工程、检验批划分宜符合本标准附录 A 中表 A.0.1 的要求。

4.2 设计

4.2.1 车站的站厅宜采用自然通风。当自然通风不能符合要求时应设置机械通风或空调系统。

4.2.2 采用机械通风系统时，车站站厅的夏季计算温度不宜超过室外计算温度3℃，且最高不应超过35℃。

4.2.3 车站公共区设置空调系统时应符合下列规定：
 1 站厅内的夏季计算温度应为 29～30℃，相对湿度不应大于70%。
 2 站厅通向站台的楼梯口、扶梯口以及出入口宜设置风幕。

4.2.4 对于累年最冷月室外平均温度低于 -10℃ 的严寒地区的车站站台可不设采暖系统，站厅宜设供暖系统。

4.2.5 冬季供暖地区的供暖方式宜根据建筑物性质、周边热源情况、节能环保要求等经综合比较确定。

4.2.6 站厅设供暖系统时，站厅内的设计温度为12℃，站厅的出入口和站厅通向站台的楼梯口、扶梯口应设热风幕。

4.2.7 车站设备及管理用房当采用空气调节系统时，宜采用多联式分体空气调节系统。设备用房与管理用房的空调系统应分开设置。

4.2.8 车站设备用房应根据工艺要求设置通风、空调系统，设计温度按工艺要求确定。

4.2.9 地面变电站宜采用自然通风降温。当自然通风不能达到设备对环境的要求时，应采用机械排风、自然进风的方式。进风口宜设置滤尘设施。

4.2.10 空调系统的冷源设计应符合下列规定：
 1 空调系统的冷源宜采用自然冷源，无条件时可采用人工冷源。
 2 冷源设备的选择应根据空调系统的负荷情况、运行时间、运行调节等要求，结合制冷工质的种类、装机容量和节能效果等因素确定。

4.2.11 制冷系统的室外设备应设置在通风良好的地方，并与周围环境相协调，其噪声应符合现行国家标准《声环境质量标准》（GB 3096）的规定。

4.2.12 通风与空调系统应经综合技术经济比较后设置相应的监测和控制系统。

4.2.13 车站通风和空调系统宜设就地控制、车站控制的两级控制。

4.2.14 自动控制应实现联动、联锁等保护措施，实现就地和远程控制相结合，就地控制具有最高优先级。涉及防火与排烟系统的监测与控制，应符合现行国家标准《建筑设计防火规范》（GB 50016）的有关规定。

4.2.15 车辆基地与控制中心内建筑单体通风和空气调节系统方案应根据工艺要求和使用需要，结合当地气候条件，经技术经济比较确定。

4.2.16 通风、空调与供暖设备产生的噪声，传播到轨道交通内部和周围环境的噪声与振动等级，应符合现行国家标准的有关规定。

4.2.17 通风、空调和制冷机房附近不宜设置有较高防振和消声要求的房间。

4.2.18 通风和空调系统产生的噪声，当自然衰减不能达到允许噪声标准时，应设置消声器或采取其他消声措施。系统所需的消声量，应通过计算确定。

4.2.19 当通风、空调、制冷装置以及水泵等设备的振动靠自然衰减不能达标时，应设置隔振器或采取其他隔振措施。产生振动的设备的进出口管道，宜采用软管连接。水泵出口止回阀宜选用缓闭静音止回阀。

4.2.20 车站公共区的防排烟设计可按现行国家标准《地铁设计防火标准》（GB 51298）执行，车站设备与管理用房、车辆综合基地及控制中心的防排烟设计可按现行国家标准《建筑防烟排烟系统技术标准》（GB 51251）执行。

4.3 风管与配件制作

4.3.1 风管与配件制作内容应包括材料检验、下料、支架成型、倒角、咬口、折方或卷圆、铆接翻边、检验待运等。

4.3.2 风管与配件制作施工流程如图 4.3.2 所示。

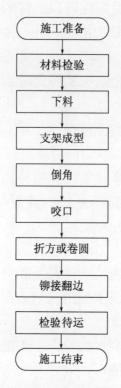

图 4.3.2 风管与配件制作施工流程图

4.3.3 风管制作除应符合国家现行有关标准的规定之外，尚应符合下列规定：

1 板材倒角应在下料后、压口前进行，宜采用机械倒角。

2 折方时用力均匀，应采用折方机进行折方。折方应平直，两端面应平行，不应有胀裂和半咬口现象。

3 宜采用机械进行钢板合缝，咬口缝应结合紧密、宽度一致。

4 风管制作宜采用工厂化预制。

5 风管宜按区域或系统进行二维编码信息处理。

4.3.4 矩形风管法兰采用角钢组焊时应符合下列规定：

1 角钢、扁钢应采用切割机切断，下料调直后宜采用台钻加工。

2 角钢焊接时，宜采用模具卡紧固定在专用的焊接平台上。焊缝应熔合良好、饱满，不应有假焊和孔洞等。

3 风管矩形法兰的四角部位应设有螺孔。

4 焊接后的法兰内径不应小于风管外径，同一批量加工的相同规格的螺孔应排列一致，具有互换性。

5 风管法兰断面、焊接及钻孔处除锈刷漆时，应先涂刷两遍防锈底漆再涂刷一遍面漆，不应存在漏刷及漏红现象。

4.3.5 风管与法兰采用铆接方式进行连接时，风管与法兰铆接前应进行技术质量复核，施工应符合下列规定：

1 铆钉应采用钢铆钉，铆钉平头朝内、圆头在外，应牢固可靠。

2 将法兰套在风管上，管端宜留出 6~9mm 的翻边量，管中心线与法兰平面应垂直，使用铆钉钳将风管与法兰铆固，并留出四周翻边。

3 翻边应平整、紧贴法兰、宽度一致，咬缝与四角处不应有开裂与孔洞。

4.3.6 风管与风管法兰间的垫片应耐油、耐潮、耐酸碱腐蚀，不应含有石棉及其他有害成分，排烟风管法兰密封垫片应采用不燃材料。

4.3.7 风管翻边施工应符合下列规定：
1 应平整、紧贴法兰，且剪去风管咬口部位多余的咬口层。
2 翻边四角不应撕裂，翻拐角边时，应拍打成圆弧形。
3 涂胶时，应适量、均匀，不应有堆积现象。

4.3.8 风管弯管制作应符合下列规定：
1 风管弯管制作应采用曲率半径为一个边长的内外同心弧形弯管。
2 当风管外边长小于或等于 300mm 时，外边长允许偏差为 ±2mm；当风管外边长大于 300mm 时，外边长允许偏差为 ±3mm。
3 法兰平面度的允许偏差为 ±2mm。

4.3.9 弯管导流叶片施工应符合下列规定：
1 导流叶片的分布应符合设计要求。
2 矩形弯管导流叶片迎风侧应边缘圆滑、固定牢固。
3 导流叶片的弧度应与弯管的角度一致。
4 导流叶片的长度超过 1250mm 时，应有加强措施。

4.4 风管安装

4.4.1 风管安装施工内容应包括预留孔洞排查、路径确认、弹线定位、膨胀锚栓固定、支架与吊架安装、风管吊装、风管拼装及调平、固定支架安装等。

4.4.2 风管安装施工流程如图 4.4.2 所示。

4.4.3 风管安装应符合下列规定：
1 风管的连接应平直，不应扭曲。
2 明装风管水平安装时，水平度的允许偏差为 ±3‰，总允许偏差不应大于 20mm。明装风管垂直安装时，垂直度的允许偏差为 ±2‰，总允许偏差不应大于 20mm。
3 暗装风管的位置应符合设计要求。

4 风口安装应横平竖直，表面平整，位于同一条直线上的风口，其中心与轴线允许偏差不应大于10mm。

5 风管外表温度高于60℃且位于人员易接触部位时，应采取防烫伤措施。

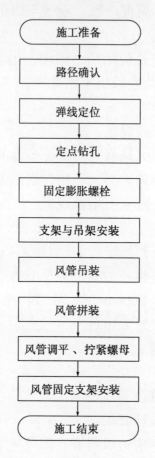

图4.4.2 风管安装施工流程图

4.4.4 装配式成品风管施工应符合下列规定：

1 装配式成品风管应按系统和编制的顺序运输，水平运输采用双轮小车，垂直运输采用自动升降机，运输中应注意成品保护。

2 装配式成品风管和部件按编号组队，复核无误后应按设计要求连接和安装。

3 装配式成品风管连接长度根据施工条件、安装结构部位、吊装条件等因素，宜在装配平台上进行连接，可连接4～8m再整体吊装，风管连接位置不应在楼板或墙体内。

条文说明

阀门等部件与风管同时组队吊装时，调节阀等安装在便于操作的位置。防火阀是系统安全装置，有水平、垂直、左式、右式区别，安装时应确保位置正确，并应防止易熔片脱落。当安装垂直气流风道中的防火阀时，易熔片一端应向关闭方向倾斜5°。

4.5 设备安装

4.5.1 通风、空调与供暖系统和土建接口的设备基础、风管预留孔洞的尺寸及位置应符合设计要求。

4.5.2 设备安装前根据设计文件对设备安装条件进行检查，应符合下列要求：
1 根据安装图对设备基础的强度、外形尺寸、坐标、高程及减振装置进行检查，其参数应符合有关文件要求。
2 基础应水平，其对角线的水平允许偏差为 0～5mm。

4.5.3 设备运输前应保存好底座，不宜开箱，整体设备运输时，倾斜角度应符合设备有关技术文件的要求。

4.5.4 机组组装时应符合下列规定：
1 机组组装宜在设备厂家专业人员现场指导下进行安装。
2 机组段连接时，应对照机组运输段的编号顺序，依照机组标明的空气流向进行组装。组装前应将附带的密封保温胶条粘到机组段间的铝框架连接面上，两个相邻的机组段应对准安装。

4.5.5 试运转前应完成水管连接、电源配线、风管连接、排水管道连接、过滤器安装，电机和风机轴转动应灵活，机组水压测试和通风试验应完成并合格。

4.6 抗震支架与吊架

4.6.1 抗震支架与吊架材料运抵现场后，应设专人对材料种类、规格、尺寸等进行验收。抗震支架与吊架材料、规格要求均应符合现行行业标准《建筑机电设备抗震支吊架通用技术条件》（CJ/T 476）的有关规定，并附有检测报告和出厂合格证。

4.6.2 抗震支架与吊架的所有构件均应采用成品构件，除 C 形槽钢、全螺纹吊杆可进行现场切割外，不应对其他构件进行现场加工。

4.6.3 抗震连接件规格、型号应符合设计要求，表面宜采用锌铬涂层、热浸镀锌等方式进行处理。

4.6.4 抗震支架与吊架构件的安装，应防止与管道结合处的电化学腐蚀，各连接件应按设计的力矩进行锁紧。

4.6.5 锚栓性能应符合现行行业标准《混凝土用机械锚栓》（JG/T 160）的有关规定，锚栓的选用应符合现行行业标准《混凝土结构后锚固技术规程》（JGJ 145）的有关规定，抗震连接件与建筑混凝土结构体连接的锚栓，应采用具有机械锁键效应的后扩底锚栓，不应使用膨胀锚栓。抗震连接件与钢结构连接，应采用专业夹具。

4.7 防腐与绝热

4.7.1 风管贴墙面、穿墙套管内风管及风阀应进行保温，风管绝热应符合下列规定：
1 保温钉的分布应均匀，每平方米的数量底面不应少于 16 个、侧面不应少于 10 个、顶面不应少于 8 个。
2 保温钉与管道和设备应粘接牢固，不应脱落。粘胶带应牢固粘贴在防潮面层上，不应有胀裂和脱落。
3 首行保温钉至风管或保温材料边缘的距离应小于 120mm。

4.7.2 管道防潮层的施工应符合下列规定：
1 防潮层应紧密粘贴在绝热层上，封闭良好，不应有虚粘、气泡、褶皱、裂缝等缺陷。
2 立管的防潮层，应由管道的低端向高端敷设，环向搭接的缝口应朝向低端。纵向的搭接缝应位于管道的侧面，并顺水。

4.8 施工质量验收

4.8.1 设备开箱检查除应符合本标准第 3.4.2 条的规定外，尚应符合下列规定：
1 通过检查门进入或取下风机段活动板，用手盘动风机叶轮，风机叶轮不应与机壳相碰，风机减振部分应符合要求。
2 冷凝水管道应畅通，不应有渗漏；加热器及旁通阀应严密、可靠；过滤器零部件应齐全，滤料及过滤形式应符合设计要求。

4.8.2 风管质量验收应符合下列规定：
1 风管质量验收应按材料、加工工艺、系统类别分别进行，并应包括风管的材质、规格、强度、严密性能与成品观感质量等内容。
2 风管制作所用的板材、型材及其他主要材料进场时应进行验收，质量应符合设计要求及国家现行标准的有关规定，并应提供出厂检验合格证明。工程中所选用的成品风管，应提供产品合格证书或进行强度和严密性的现场复验。
3 金属风管规格应以外径或外边长为准，非金属风管和风道规格应以内径或内边长为准。
4 风管系统按其工作压力应划分为微压、低压、中压与高压等类别，并应采用相应类别的风管。

5 镀锌钢板及含有各类复合保护层的钢板应采用咬口连接或铆接，不应采用焊接连接。

6 风管的密封应以板材连接的密封为主，也可采用密封胶嵌缝或其他方法。密封胶的性能应符合使用环境的要求，密封面宜设在风管的正压侧。

4.8.3 风管加工质量应通过工艺性的检测或验证，强度和严密性要求应符合下列规定：

1 风管在试验压力保持 5min 及以上时，接缝处不应有开裂，整体结构不应有永久性的变形及损伤。试验压力应符合下列规定：

1）低压风管应为 1.5 倍的工作压力；
2）中压风管应为 1.2 倍的工作压力，且不低于 750Pa；
3）高压风管应为 1.2 倍的工作压力。

2 低压、中压圆形金属与复合风管及采用非法兰连接的非金属风管的允许漏风量，应为矩形金属风管规定值的 50%。

3 砖、混凝土风道的允许漏风量不应大于矩形金属低压风管规定值的 1.5 倍。

4 排烟、除尘、低温送风及变风量空调系统风管的严密性应符合中压风管的规定，N1 级～N5 级净化空调系统风管的严密性应符合高压风管的规定。

5 风管系统工作压力绝对值不大于 125Pa 的微压风管，在外观和制造工艺检验合格的基础上，不应进行漏风量的验证测试。

4.8.4 风管系统安装质量应符合下列规定：

1 风管系统安装后应进行严密性检验，合格后方能交付下道工序。
2 风管系统支架与吊架采用膨胀螺栓等固定时，施工应符合该产品技术文件的要求。
3 风管系统支架与吊架的安装位置及型号规格应符合设计要求。
4 当风管穿过防火防爆墙体或楼板时，应设置厚度不小于 1.6mm 的钢制防护套管，风管与防护套管之间应采用不燃的柔性材料封堵严密。

4.8.5 风口的安装位置应符合设计要求，风口或结构风口与风管的连接应严密牢固，不应存在可察觉的漏风点或部位，风口与装饰面贴合应紧密。

4.8.6 风机与空气处理设备安装前应符合下列规定：

1 风机与空气处理设备应附带装箱清单、设备说明书、产品质量检验合格证书和性能检测报告等随机文件，进口设备还应具有进出口商品检验合格的证明文件。
2 设备就位前应对其基础进行验收，合格后再安装。

4.8.7 风机及风机箱的安装应符合下列规定：

1 产品的性能技术参数应符合设计要求，出口方向应正确。
2 叶轮旋转应平稳，每次停转后不应停留在同一位置上。
3 固定设备的地脚螺栓应紧固，并应采取防松动措施。
4 落地安装时，应按设计要求设置减振装置，并应采取防止设备水平位移的措施。
5 悬挂安装时，吊架及减振装置应符合设计及产品技术文件的要求。

4.8.8 通风机传动装置的外露部位及直通大气的进、出风口，应装设防护罩、防护网或采取其他安全防护措施。

4.8.9 单元式与组合式空气处理设备的安装质量应符合下列规定：
1 产品的性能、技术参数和接口方向应符合设计要求。
2 现场组装的组合式空调机组应按现行国家标准《组合式空调机组》（GB/T 14294）的有关规定进行漏风率的检测。通用机组在700Pa静压下，漏风率不应大于2%。净化空气系统机组在1000Pa静压下，漏风率不应大于1%。
3 应按设计要求设置减震支座或支架与吊架，承重量应符合设计及产品技术文件的要求。

4.8.10 空气热回收装置的产品性能、技术参数等应符合设计要求，热回收装置接管应正确，连接应可靠、严密，安装位置应预留设备检修空间。

4.8.11 与制冷/热机组配套的蒸汽、燃油、燃气供应系统，应符合设计文件和产品技术文件的要求，并应符合国家现行标准的有关规定。

4.8.12 制冷机组本体的安装、试验、试运转及验收应符合现行国家标准《制冷设备、空气分离设备安装工程施工及验收规范》（GB 50274）和《通风与空调工程施工质量验收规范》（GB 50243）的有关规定。

4.8.13 当空调水系统采用塑料管道时，施工质量验收应按国家现行标准的有关规定执行。

4.8.14 空调水系统设备与附属设备的性能、技术参数，管道、管道配件及阀门的类型、材质及连接形式应符合设计要求。

4.8.15 抗震支架与吊架施工质量验收除应符合设计要求外，尚应符合国家现行标准的有关规定。

4.8.16 风管贴墙面、穿墙套管内风管及风阀应进行保温，风管绝热验收应符合现行国家标准《通风与空调工程施工质量验收规范》（GB 50243）的有关规定。

4.8.17 防雷与接地验收除应符合设计及设备技术说明有关规定外，尚应符合现行国家标准《建筑物防雷工程施工与质量验收规范》（GB 50601）的有关规定。

4.9 单机调试

4.9.1 单机调试设备应包括风机、风阀、水泵、冷水机组、空调机组等。

4.9.2 单机设备试运转前应对空调系统的电气设备及主回路进行检查测试，测试合格后方可运转。试运转后，应检查设备的减震器的移位情况。设备的试运转要根据各种设备和操作规程进行，并做好记录。

4.9.3 防排烟系统调试后的结果应符合设计要求及现行国家标准《通风与空调工程施工质量验收规范》（GB 50243）和《火灾自动报警系统施工及验收标准》（GB 50166）的有关规定。

5 给水与排水

5.1 一般规定

5.1.1 给水与排水设计应根据外部市政条件、工程整体功能要求、建设成本及运行维护费用等因素，经技术经济比较确定。

5.1.2 给水与排水系统宜按自动化管理设计。

5.1.3 节水设计应符合现行国家标准《民用建筑节水设计标准》（GB 50555）的有关规定。

5.1.4 当给水与排水管道结露可能影响环境时，给水与排水管道应做防结露保护层。

5.1.5 给水与排水管道不应穿过车站控制室、变电所、配电室、信号机房、通信机房等。

5.1.6 给水与排水工程施工内容应包括支架与吊架安装、管道及配件安装、设备安装、卫生器具安装、防雷与接地及单机调试等。

5.1.7 管道和设备施工安装除应根据当地抗震设防烈度采取抗震措施外，尚应符合现行国家标准《建筑机电工程抗震设计规范》（GB 50981）的有关规定。

5.1.8 地面、高架区间、车站及地面附属建筑给水与排水工程施工及施工质量验收应符合现行国家标准《建筑给水排水及采暖工程施工质量验收规范》（GB 50242）的有关规定。

5.1.9 室内、室外给水与排水工程的施工及施工质量验收应符合现行国家标准《给水排水管道工程施工及验收规范》（GB 50268）的有关规定。

5.1.10 生活给水系统的材料应符合现行国家标准《生活饮用水卫生标准》（GB 5749）的有关规定。

5.1.11 给水与排水系统施工质量验收单位工程、分部工程、分项工程、检验批划分宜符合本标准附录 A 中表 A.0.2 的要求。

5.2 设计

5.2.1 给水系统的设计应符合悬挂式单轨交通生产、生活和消防用水对水量、水压和水质的要求，并应坚持综合利用、节约用水的原则。

5.2.2 给水水源宜采用城市自来水，并应充分利用城市自来水水压，当市政自来水水压不能符合生产、生活及消防用水要求时，应设置增压设备。

5.2.3 站内生产、生活给水系统应与消防给水系统分开设置，且生产生活给水管道宜布置为枝状供水管网。

5.2.4 卫生间、茶水间、各类泵房、通风机房内应设置给水点，站外空调主机宜设置冲洗水龙头。

5.2.5 当有中水水源时，车辆基地内绿化、地面冲洗及机动车冲洗用水宜采用中水，列车洗车工艺应采用自带循环回用水的处理系统。

5.2.6 给水管道穿过变形缝、沉降缝和伸缩缝时，应采取补偿管道伸缩和剪切变形的措施。

5.2.7 车站雨水、污水、废水系统设计应符合分类收集、独立排放的原则及雨污分流原则。室内生活污水排水系统与生活废水排水系统宜分开设置，地面及屋面雨水应单独排放。

5.2.8 排水系统排水水质应符合国家现行排水标准的有关规定。

5.2.9 排水系统应便于清疏及维修，宜采用重力排水方式，无重力排放条件时应设置排水泵提升。

5.2.10 严寒和寒冷地区的压力排水管道及存在冻结可能的重力排水管道应采取防冻保护措施。

5.2.11 车站屋面雨水量应按当地不小于 10 年一遇暴雨强度计算，设计降雨历时应按 5min 计算，屋面溢流设施应符合当地 50 年一遇暴雨强度雨水排放要求。

5.2.12 当室内排水沟与室外排水管相连接时，其连接处应设置水封装置。

5.2.13 站前广场、车辆基地、停车场雨水径流控制宜采用下凹式绿地、透水铺装、植草沟、生物滞留设施、湿塘、雨水湿地、调节塘、蓄水池、调节池、植被缓冲带、绿色屋顶等技术措施。

5.2.14 给水与排水检查井应有悬挂式单轨交通机电系统的专用标识。

5.2.15 卫生器具及配件应采用节水型产品，并应采用非接触式冲洗装置。

5.2.16 室外埋地给水管道应具有耐腐蚀和承受地面荷载的能力，当管径小于 DN80 时，宜采用给水塑料管。当管径大于或等于 DN80 时，宜采用球墨铸铁给水管。

5.2.17 室内给水管道宜采用给水塑料管、钢塑复合管或薄壁不锈钢管等，热水管道宜采用铜管、薄壁不锈钢管、塑料管或金属复合管等。管件工作压力与管道保持一致。

5.2.18 室外排水管道基础应根据管材、接口形式和地质条件确定。地质条件差的地段管道基础应采用加固措施，室外污水管道宜采用柔性接口。室外重力流排水管道管材宜选用埋地排水塑料管。室外埋地压力排水管道管材宜采用球墨铸铁管，内外涂环氧树脂钢管等。

5.2.19 给水管道阀门应符合下列规定：
1 当管径小于或等于 DN50 时，宜采用截止阀；当管径大于 DN50 时，宜采用闸阀或蝶阀。
2 当调节流量、水压时，宜采用调节阀或截止阀。
3 对于安装空间小的场所，宜采用蝶阀或球阀。
4 在水流双向流动的管段上，不应使用截止阀。
5 当水泵出水管管径大于 DN150 时，宜采用多功能水力控制阀。
6 水泵吸水管上应设置明杆闸阀或带自锁装置的蝶阀。出水管上应设置止回阀或明杆闸阀。当采用蝶阀时应带有自锁装置。
7 阀件公称压力不应低于水泵额定工作压力。

5.2.20 生产、生活给水增压设备应符合下列规定：
1 应采用自灌式充水。
2 水泵机组宜采用金属整体台座。
3 变频给水设备应具有自动调节转速和降压启动功能，且宜采用双电源供电。
4 具有水位控制功能，且应自动启、停水泵。

5 具有故障自检、报警、自动保护功能，对可恢复的故障应自动或手动消除报警。
6 设置备用水泵且能自动轮换运行。

5.3 区间给水与排水管道安装

5.3.1 管道、附件及设备安装前，应检查和核对其规格、型号，管道及附件敞口处应清理干净，检查合格后方可安装。

5.3.2 管道沟槽开挖应控制基底高程，不应扰动基面，沟槽应经验收合格后方可进行管道基础施工，回填应在管道施工验收合格后进行。

5.3.3 管道不宜敷设在控制箱、配电箱正上方，且不宜穿越设备吊装孔。

5.3.4 当给水与排水压力管道穿越结构变形缝时，应设置金属波纹伸缩节或不锈钢软管。

5.3.5 当管道穿越防火墙及楼板的孔洞时，应进行防火封堵，封堵材料的耐火时间与所在部位楼板及墙体的耐火时间应相同，且立管周围应设置高出地面10～20mm的阻火圈，阻火圈的耐火等级不应低于楼板的耐火等级。

5.3.6 当管道成排安装时，直线部分应相互平行，曲线部分应与直线部分保持等距，管道曲率半径应相等。

5.3.7 区间给水与排水管道支架安装应符合下列规定：
1 区间给水与排水管道应采用型钢制作的热浸镀锌支架，支架和锚栓应结合振动、疲劳、耐久性、管道应力等因素经计算确定，型钢厚度应根据地下水位和地下水水质增加1～2mm的腐蚀裕量。
2 支架安装位置和高程应按设计要求进行放线。
3 管道固定支架与结构墙体之间、支架与管道之间、管卡与管道之间应增加一层5mm厚且与支架同宽的三元乙丙烯橡胶隔离，管道与型钢支架、管卡间不应直接接触。
4 立管、管道接头及阀门、金属波纹管两侧应设置支架，管道转弯处应加固处理，应安装管道支墩或设加强型接口支架。支架的形式、规格和间距应符合现行国家标准《建筑给水排水及采暖工程施工质量验收规范》（GB 50242）的有关规定。

5.3.8 给水管道在有明显起伏且积聚空气的管道最高位置宜安装自动排气阀，给水管网最低位置宜安装泄水阀。

5.4 给水工程施工

5.4.1 给水工程施工应符合本标准第 5.3.1 条～第 5.3.6 条的规定。

5.4.2 室外给水管道及设施安装应符合下列规定：
1 室外管道沟槽开挖应控制基底高程，不应扰动基面。地质条件良好、土质均匀且地下水位低于槽底时，开挖沟槽可不设支撑。
2 当车辆基地及停车场室外给水管道穿越车行道时，应设置防护涵管或防护套管，防护套管宜采用球墨铸铁管，其安装应符合现行国家标准《给水排水管道工程施工及验收规范》（GB 50268）的有关规定。
3 当管道穿越地下主体结构时，应预埋防水套管。
4 当管道采用法兰连接或卡箍连接时，连接部位宜安装在检查井或地沟内。
5 当管道管径小于或等于 DN450 时，阀井内井壁距管道法兰或承口距离不应小于 250mm；当管径大于 DN450 时，阀井内井壁距管道法兰或承口距离不应小于 350mm。

5.4.3 室内给水管道及设施安装应符合下列规定：
1 给水系统的材料应符合现行国家标准《生活饮用水卫生标准》（GB 5749）的有关规定，管道应采用与管材相适应的管件，管件、配件的工作压力应与该管道系统的工作压力一致。
2 管道的加工与安装应符合现行国家标准《建筑给水排水及采暖工程施工质量验收规范》（GB 50242）的有关规定。
3 当管道采用螺纹连接时，不应有断丝，套丝扣时破坏的镀锌层表面及外露螺纹部分应采取防腐措施。
4 管道嵌墙暗敷宜按土建预留凹槽敷设，凹槽表面宜平整，深度不应超过墙壁厚度的 1/3，管道应采取固定措施。

5.4.4 室内外直埋金属管道应采取防腐处理措施，防腐层材质和结构应符合现行国家标准《建筑给水排水及采暖工程施工质量验收规范》（GB 50242）的有关规定。

5.4.5 阀门及附件安装试验应符合下列规定：
1 应在每批阀门或附件中抽检 10%，且其数量不应少于 1 个。
2 安装在主干管上起切断作用的阀门，应逐个进行强度和严密性试验。
3 强度试验压力应为公称压力的 1.5 倍，严密性试验压力应为公称压力的 1.1 倍。
4 试验压力在试验持续时间内应保持不变，且壳体填料及阀瓣密封面不应有渗漏。
5 阀门应在关闭状态下安装，安装应紧固、严密，阀门及附件与管道中心应垂直。阀门应启闭灵活、传动可靠，成排阀件应安装在同一直线上，最大允许偏差为 0～3mm。

6 阀门安装完毕后其手柄应易于操作，安装在管井、吊顶内的管道，凡设阀门及检查口处均应设置检修门。

7 阀门安装位置和高度应方便检修，当安装位置高于4m时，宜设置固定爬梯和操作平台。

8 给水前阀、分区阀宜带聚乙烯（PE）滤网。

9 水表应安装在便于检修，不受曝晒、污染和冻结的地方，水表底部应设置独立的支托架，水表上标示的箭头方向应与水流方向一致。

10 当安装螺翼式水表时，表前与阀门应有不小于8倍水表接口直径的直线管段，表外壳距墙表面净距应为10~30mm，水表进水口中心高程允许偏差应为±10mm。

5.4.6 水泵安装应符合下列规定：

1 水泵基础混凝土的强度、坐标、高程、尺寸和螺栓孔位置应符合设计要求。

2 水泵应采用适配的螺栓固定，螺杆外露部分长度不应大于螺杆直径的1/2，螺母应加平垫和弹垫，紧固件外露部分应进行防腐处理。

3 水泵底座与基础之间应设置橡胶减振装置，且该装置应按水泵中轴线对称布置。

4 水泵进出口的管道应从水泵开始向外安装，所有与泵连接的管道应具有独立、牢固的支撑，管道与水泵连接后不应再切割或焊接。

5 水泵进出口管道上应设置可曲挠橡胶软管接头，且应靠近水泵的一侧，不应带应力安装，水泵和软连接之间除连接法兰外不应采取其他固定措施。

6 当水泵进水口与管道采用变径连接时，应采用上平下偏的偏心异径管。

7 水泵试运转流量、扬程及轴承温升参数应符合设计要求。

5.4.7 水箱安装应符合下列规定：

1 水箱内检修爬梯、水位标尺、支撑件及配件均应采用S304不锈钢材料。

2 水箱支架或支墩应牢固平整，水箱水位应标示明确。

3 溢流管设置于排水设施附近，且不应与排水系统管道直接连通，应采用间接排水，溢流管上不应装设阀门，出水口处宜设置网罩。

4 泄水管上应安装阀门，阀门下游管路可与溢流管直接连接，不应与排水系统管道直接相连。

5 水箱人孔盖应为加锁密封型，且高出水箱顶板面不应小于100mm，通气管应采用S304不锈钢下弯管，管口宜安装S304不锈钢纱网。

6 水箱的进水管应高于溢流管，垂直间距应大于2.5倍进水管管径。

7 水箱使用前应进行密封性试验，开式水箱满水静置24h不应渗漏，密闭水箱应在试验压力下10min内压力不下降，不应渗漏。

5.4.8 给水管道试压、闭水试验前施工条件应符合下列规定：

1 给水管道试压、闭水试验前应做水源引接及排水疏导的施工准备。

2 对不应参加试压的设备、仪表及管道附件，应采取隔离措施。

3 当在冬季进行管道水压及闭水试验时，应采取防冻措施，试验完毕应及时放水。

4 管道灌水前，应将系统内阀门全部打开，管道灌水应从下游缓慢灌入，上游管顶及管段凸起点宜设排气阀。

5.4.9 给水系统室外管道水压试验应符合下列规定：

1 金属及金属复合管道在强度试验压力下，10min 内压力降不应大于 0.05MPa；当降至工作压力进行检查时，压力应保持不变，不应渗漏。

2 塑料管道在强度试验压力下应稳压 1h，压力降不应大于 0.05MPa；当降至工作压力进行检查时，压力应保持不变，不应渗漏。

5.4.10 给水系统室内管道水压试验应符合下列规定：

1 金属及金属复合管道在强度试验压力下应观测 10min，压力降不应大于 0.02MPa；当降至工作压力进行检查时，不应渗漏。

2 塑料管道在强度试验压力下应稳压 1h，压力降不应大于 0.05MPa；当降至工作压力的 1.15 倍时，应稳压 2h，压力降不应大于 0.03MPa，各连接处不应渗漏。

5.4.11 给水管道冲洗应符合下列规定：

1 在给水管道冲洗前，对不应进行冲洗的系统、设备、仪表及管道附件，应采取隔离措施。

2 管道系统各环路阀门启闭应灵活、可靠，临时供水装置运转应正常，冲洗水宜就近接入市政排水系统。

3 应先冲洗系统最低处干管，后冲洗水平干管、立管、支管。

4 冲洗流速不应小于 1.5m/s，冲洗至出水处水颜色、透明度与入口处目测一致方为合格。

5 冲洗出水口处管径标号宜比被冲洗管道的管径标号小 1 号。

6 冲洗出水口流速不应小于 1.5m/s，且不宜大于 2m/s。

7 冲洗合格后，应填写记录，且应将拆下的管道附件复位。

5.4.12 饮用水管道消毒应符合下列规定：

1 给水系统在管道冲洗后，在交付使用前应进行消毒。

2 应采用浓度为 20~30mg/L 的游离氯或 0.03% 高锰酸钾消毒液，灌满整个管道，静置 24h 后排空。

3 应消毒后再用饮用水冲洗，出水水质应符合现行国家标准《生活饮用水卫生标准》（GB 5749）的有关规定。

5.5 排水工程施工

5.5.1 排水工程施工应符合本标准第5.3.1条~第5.3.6条的规定。

5.5.2 室外排水管道及设施安装应符合下列规定：
1 重力排水管道不应无坡或反坡。
2 管道埋设前应进行闭水试验或闭气试验，排水应畅通，不应有堵塞，管道及接口不应有渗漏。
3 当安装承接插口的排水管道时，管道和管件的承口应与水流方向相反。
4 检查井圈应平整光滑，井盖应符合承重要求。
5 检查井、化粪池底板及进出水管高程允许偏差为±15mm。

5.5.3 室内管道及设施安装应符合下列规定：
1 重力排水横管不应反坡。
2 接入室外排水检查井的排水管，排出管管顶高程不应低于室外接户管管顶高程，室外排水管连接处的水流转角不宜小于90°。
3 排水管道横管与立管连接，宜采用45°三通或四通、90°斜三通或四通。排水立管与排出管端部的连接，宜采用两个45°弯头或曲率半径不小于4倍管径的90°弯头。
4 排水塑料管伸缩节间距不应大于4m。明设排水塑料管底部应设置阻火圈。当排水塑料管穿过不同防火分区隔墙或楼板时，应在管道两侧采取防止火灾贯通措施。
5 排水塑料管道系统检查口或清扫口设置应符合设计要求，检查口位置和朝向应便于管道检修和维护。立管的检查口中心高度距操作地面宜为1m，允许偏差为±20mm。管窿内的立管检查口宜设检修门。当横管检查口设置在吊顶内时，宜在吊顶位置设置检修门。
6 排水地漏安装应低于排水表面，水封高度不应小于50mm。
7 离壁墙内隐蔽排水管道在隐蔽前应进行灌水试验，灌水高度不应低于底层卫生器具上边缘或底层地面高度，灌满水15min水面下降后，再灌满观察5min，水面不降、管道及接口无渗漏为合格。
8 排水主立管及水平干管均应进行通球试验，通球球径不应小于排水管道管径的2/3，通球率应达到100%。
9 雨水系统不应与生活污水相连接。
10 悬吊式雨水管道敷设坡度不应小于5‰。
11 重力雨水管道安装后均应做灌水试验，灌水高度应达到每根立管上部的雨水斗。
12 压力排水管宜采用金属或金属复合管材，管道应固定在承重结构上。

5.5.4 卫生器具安装应符合下列规定：

1 坐便器应用镀锌地脚螺栓固定，螺母与洁具之间应加橡胶垫片，小便器的固定螺母底下应加橡胶垫片。

2 当安装台下盆时，托架应可拆卸，托架与台下盆之间应加橡胶垫片。

3 与排水横管连接的各卫生器具的受水口和立管均应采用管卡固定，管道安装完毕后，预留孔洞或套管缝隙应采用防水填料或无机填料嵌实。

4 拖布池的水龙头距拖布池上边沿的距离不应大于 300mm。

5 卫生器具交工前应进行满水和通水试验，满水后各连接件不应有渗漏，通水试验应按给水系统的 1/3 配水点同时开放，各排水点应通畅，接口处不应有渗漏。

5.5.5 固定式潜水排污泵安装应符合下列规定：

1 当水泵基础与底板混凝土不同时浇筑时，底板应预埋与水泵基础相连接的钢筋。

2 固定式水泵应配备自动耦合装置，其导轨应垂直于水池底板安装，螺栓、螺母连接件应安装牢固，每台水泵均应配导链，且导链两端应配紧固件。

3 水泵运行应平稳，不应有卡死、停滞现象。

4 泵体应能通过长度为泵口径 5 倍的纤维物质，以及直径为泵口径 50%~80% 的固体球状物颗粒。

5 水泵应能连续运行，启动次数不宜超过 12 次/h。

5.5.6 密闭提升装置安装应符合下列规定：

1 污水泵应采用干式安装，潜水电机应与泵叶轮同轴相连。

2 污水泵应进行试运转，不应有气蚀和卡阻现象。

3 控制箱外壳防护等级不应低于 IP54，紧固件均应具有防腐镀层及防松脱措施，当设备出现电源故障、相序错误、过载、过热、缺相、短路液位计故障及集水箱水位过高或过低故障时，控制箱应能立即自动切断故障水泵电源并显示故障。

5.5.7 真空系统安装应符合下列规定：

1 当安装真空机组时，地面应设置减振垫，设备与管道相连处应设置橡胶隔振器，应预埋地脚螺栓固定整个机组。

2 真空管道应采用型钢或支架固定，系统运行时管路不应出现异常震动，压力等级要求不应低于 1.6MPa，管道末端宜设置检查口。

3 真空管道安装完毕后对管道系统进行密闭性检查时，应使用真空泵将管路内抽至真空度为 -0.07MPa，保持 1h，真空度下降值不应超过 15%。

4 漏压点检查宜采用对被测试管道加正压，在连接点刷涂肥皂水的方法。

5 真空系统真空度宜为 -0.07~-0.04MPa，设备运行噪声应小于 75dB。

6 控制系统应具备电机温度保护、短路保护、过载保护功能，控制箱外壳防护等级不应低于 IP54，真空机组运行状况、故障状况、低真空度报警和堵塞报警信号应能上传至楼宇自动化系统（BAS）。

5.6 施工质量验收

5.6.1 给水与排水工程系统材料、设备进场验收应符合本标准第 3.4.1 条和第 3.4.2 条的规定。

5.6.2 给水与排水工程系统施工质量验收应符合下列要求：
1 室内、室外给水与排水压力干管的管中心位置及高程应符合设计要求，室内、室外重力排水管道管内底位置及高程应符合设计要求。
2 室内、室外给水与排水管道连接点及接口的严密性应符合设计要求。
3 室内、室外给水与排水金属管材及附件防腐、保温应符合设计要求。
4 给水系统阀门启闭应灵活，仪表灵敏度应符合设计要求。
5 水箱密封性应符合设计要求。
6 给水与排水压力管道系统和设备水压试验及给水工程冲洗消毒、水质检测应符合设计要求。
7 给水与排水管道水压、灌水或闭水试验后应排空管道内试验用水及管道最低点和各局部低点的积水。
8 中水、回用雨水等非生活饮用水管道不应与生活饮用水管道直接连接。
9 污水、雨水合流管道及湿陷土、膨胀土、流沙地区的雨水管道，应经严密性试验合格后方可投入运行。
10 当安装金属管道时，管道与支架、吊架、管卡之间应设置与支架、吊架同宽的绝缘橡胶垫隔离，管道支架与吊架安装应平整、牢固，间距应符合现行国家标准《建筑给水排水及采暖工程施工质量验收规范》（GB 50242）的有关规定。

5.6.3 给水与排水工程的检验和检测应符合下列要求：
1 室内外给水干管的管中心位置及高程应符合设计要求。
2 管道连接点和接口的严密性及支座位置正确性和牢固性应符合设计要求。
3 金属管材及附件防腐、保温措施应符合设计要求。
4 水泵等设备运转性能及控制功能指标应符合设计要求。
5 阀门启闭灵活性和仪表的灵敏度、承压管道系统和设备及阀门水压试验、给水管道通水试验及冲洗、消毒检测、排水管道灌水、通球及通水试验、卫生器具通水试验，具有溢流功能的器具满水试验、地漏及地面清扫口排水试验、雨水管道灌水试验均应符合设计要求和现行国家标准《建筑给水排水及采暖工程施工质量验收规范》（GB 50242）的有关规定。

6 供电

6.1 一般规定

6.1.1 供电应包括外部电源、电源开闭所或主变电所、牵引供电系统、动力照明供电系统、电力监控系统。

条文说明

牵引供电系统包括牵引变电所和接触轨，动力照明供电系统包括降压变电所和动力照明配电系统。

6.1.2 悬挂式单轨交通外部电源供电方案应根据线网规划和公共电网现状及规划进行设计，宜采用分散式供电，其中压供电网络的电压等级可采用35kV、20kV、10kV。

6.1.3 电源设计应根据建设程序，从可行性研究阶段开始会同电网公司确定下列内容：
1 外部电源供电方案和主变电所设置。
2 供电系统的一次接线方案。
3 近、远期外部电源容量和电压偏差范围。
4 电能计量要求。
5 公共电网变电所馈线继电保护与供电系统进线继电保护的设置和时限配合。

6.1.4 牵引用电负荷应为一级负荷。动力照明等用电负荷应按供电可靠性要求及失电影响程度分为一级负荷、二级负荷和三级负荷。

6.1.5 在符合各种用电负荷供电要求的情况下，同一车站内的各种功能变电所宜合建。

6.1.6 供电系统的中压供电网络接线应简单、统一，宜采用环网接线。当变电所存在两回进线电源时，两回电源线路应互为备用，当变电所的任一回进线故障时，应由另一回进线承担其一、二级负荷的供电。中压供电网络末端的电压损失不宜超过 5%。

条文说明

故障情况下的最大线路末端电压损失应以符合动力照明设备的运行电压要求为标准。

6.1.7 牵引负荷应根据线路条件、高峰时段的运行交路、行车密度、车辆编组和车辆性能等计算确定。

6.1.8 牵引网应采用接触轨正负双轨授电、车辆受流器正负滑块接触受流方式。直流牵引供电系统电压等级应为 750V 或 1500V，其波动范围相应为 500～900V 或 1000～1800V。

6.1.9 牵引变电所的布点应按远期系统能力需求设计。

6.1.10 直流牵引系统及非线性用电设备所产生的谐波应符合现行国家标准《电能质量 公用电网谐波》（GB/T 14549）的有关规定。低压配电系统宜采取治理谐波的措施。

6.1.11 车辆再生制动能量吸收利用方案应通过经济技术综合比较确定。

6.1.12 无功补偿应按整体平衡的原则设计，对于在各降压变电所 0.4kV 侧分散就地补偿和在电源开闭所集中补偿的方案，应根据供电系统实际情况经技术经济比较后确定。

6.1.13 在车辆基地内应设置供电车间，对供电设备进行管理与维护。

6.1.14 供电系统施工质量验收单位工程、分部工程、分项工程、检验批划分宜符合本标准附录 A 中表 A.0.3 的要求。

6.2 变电所设计

6.2.1 变电所可分为电源开闭所、牵引变电所、降压变电所。当牵引变电所与降压变电所设置在同一车站时，宜合建成牵引降压混合变电所。

6.2.2 变电所的数量、容量及其在线路上的分布应经计算分析比选后确定。

6.2.3 变电所的选址应符合下列要求：

1 应靠近负荷中心。
2 便于电缆线路引入、引出。
3 便于设备的运输。
4 独立设置的变电所应靠近悬挂式单轨交通线路，并应和地方规划相协调。该变电所与线路间应设置专用电缆通道。

6.2.4 变电所应按无人值班、无人值守设计。

6.2.5 变电所的设备应选用小型化、无油化、自动化、免维护或少维护的产品，以适合无人值守的运行条件。

6.2.6 牵引负荷应根据运营高峰小时行车密度、车辆编组、车辆类型及特性、线路资料等计算确定。牵引整流机组容量宜按远期负荷确定。

6.2.7 牵引变电所中宜设两套整流机组。牵引整流机组的负荷特性应符合下列规定：
1 100%额定负荷连续运行。
2 150%额定负荷运行2h。
3 300%额定负荷运行1min。

条文说明

根据悬挂式单轨交通特性及功能定位，若谐波含量符合要求，可设置一套整流机组。

6.2.8 当一座牵引变电所退出运行时，相邻的两座牵引变电所应能分担其供电分区的牵引负荷。当牵引变电所设置两台整流机组时，若一台牵引整流机组退出运行，另一台牵引整流机组具备运行条件时不应退出运行。

6.2.9 当降压变电所设置两台配电变压器时，变压器的容量应满足在一台变压器退出运行时，另一台变压器能负担其供电范围内的一、二级负荷。

6.2.10 变电所一次接线应安全、可靠、简单。当降压变电所设置两台配电变压器时，降压变电所宜采用单母线分段接线。当牵引变电所设置两台整流机组时，两台整流机组宜接在同一段母线上。直流侧母线宜采用单母线接线。

6.2.11 牵引变电所的直流馈线回路应设置能分断最大短路电流和感性小电流的直流快速断路器。

6.2.12 变压器外廓与墙的最小净距、中低压配电室内的各种通道最小宽度应符合现行国家标准《低压配电设计规范》（GB 50054）和《3~110kV 高压配电装置设计规范》（GB 50060）的有关规定。当变电所选用箱式变电所形式时，设备的布置还应符合现行国家标准《高压/低压预装式变电站》（GB 17467）的有关规定。

6.2.13 变电所的直流操作电源屏宜采用成套装置，正常运行时蓄电池应处于浮充状态。

6.2.14 变电所的直流操作电源屏的蓄电池容量应符合变电所交流停电情况下连续供电 2h 的要求。

6.2.15 变电所继电保护装置应简单，并应符合可靠性、选择性、灵敏性和速动性的要求。

6.2.16 对交流中压供电线路的下列故障或异常运行应设相应的保护装置：
1 相间短路。
2 单相接地。

6.2.17 对交流 400V 供电线路的下列故障或异常运行应设相应的保护装置：
1 相间短路。
2 单相接地。
3 过负荷。

6.2.18 对干式变压器的下列故障或异常运行应设相应的保护装置：
1 绕组及其引出线的相间短路和在中性点直接接地或小电阻接地侧的单相接地短路。
2 绕组的匝间短路。
3 外部相间短路引起的过电流。
4 过负荷。
5 变压器温度升高超过限值。

6.2.19 对于牵引整流器的下列故障或异常运行应设相应的保护装置：
1 外部相间短路引起的过电流。
2 内部短路。
3 元件故障。
4 元件温度升高超过限值。

6.2.20 对于直流牵引进线的下列故障或异常运行应设相应的保护装置：
1 大电流脱扣。
2 过电流。
3 直流接地漏电。

6.2.21 对于直流牵引馈线的下列故障或异常运行应设相应的保护装置：
1 大电流脱扣。
2 过电流。
3 电流变化率及电流增量。
4 双边联跳。
5 直流接地漏电。

6.2.22 对于直流再生制动能量吸收装置馈线的下列故障或异常运行应设相应的保护装置：
1 大电流脱扣。
2 过电流。
3 元件故障。
4 元件温度升高超过限值。
5 直流接地漏电。

6.2.23 变电所各级电压的进线与其母线联络开关应设置备用电源自动投入装置。

6.2.24 变电所直流牵引馈线应设置具有在线检测故障功能的自动重合闸装置。

6.2.25 变电所综合自动化系统应具备下列功能：
1 保护、控制、信号、测量。
2 与电力监控系统良好的接口。
3 程序操作控制。
4 开放的通信接口。
5 系统在线故障自检。

6.2.26 电源开闭所应有计量功能，牵引变电所、降压变电所等根据实际供电方式的不同确定计量功能。

6.2.27 避雷针的接地应符合下列要求：
1 避雷针应设置独立的接地装置，避雷针及其独立接地装置与道路或建筑物出入口等的距离应大于3m。

2 避雷针独立接地装置与主接地网的地中距离不应小于3m。当有困难时，该接地装置可与主接地网连接，但避雷针与主接地网的地下连接点至35kV及以下设备与主接地网的地下连接点的距离，沿接地体的长度不应小于15m。
3 避雷针的接地方式及接地电阻值应符合设计要求。

6.3 接触轨设计

6.3.1 接触轨应能可靠地向列车馈电，并应符合列车的最高行驶速度要求。

6.3.2 接触轨由正极接触轨和负极回流轨组成，分别通过上网电缆和回流电缆与牵引变电所连接。

6.3.3 接触轨的受流方式宜为侧接触式，接触轨截面的选择应符合近、远期高峰负荷时持续载流量的要求。

6.3.4 接触轨带电部分的空气绝缘间隙应符合现行国家标准《地铁设计规范》（GB 50157）的有关规定。在海拔大于1000m的地区，空气绝缘间隙应按《高压开关设备和控制设备标准的共用技术要求》（GB/T 11022）进行修正。

6.3.5 接触轨的电分段应设在下列各处：
1 有牵引变电所的车站，在车站进站侧。
2 车辆基地内不同供电单元间线路衔接处。
3 车辆基地出入线与正线衔接处。

6.3.6 牵引变电所直流快速断路器至接触轨间应设置隔离开关。

6.3.7 在折返线处接触轨供电应有主、备两路电源，并应分别接自上、下行的接触轨。

6.3.8 车辆基地中的接触轨，应具有来自车辆基地牵引变电所的主电源及来自正线的备用电源。

6.3.9 上网电缆、回流电缆的根数及截面，应根据大双边供电方式下的远期负荷计算确定，每个回路的电缆根数不得少于两根。

6.3.10 接触轨的安装位置及其安装允许偏差，应根据车辆受流器与接触轨在相对运动中能可靠接触确定。

6.3.11 接触轨的支持点间距应根据接触轨的结构特性、集中荷载、接触轨自重以及受流器接触压力等因素确定。

6.3.12 接触轨的支撑件应符合机械强度和绝缘耐压的要求。支持绝缘子及其配套零件的强度安全系数，不应低于现行国家标准的有关规定。

6.3.13 接触轨的锚段长度，应根据环境温度、载流温升、材料线胀系数、膨胀接头补偿量、线路条件等因素确定。

6.3.14 接触轨膨胀接头处应设置伸缩缝，伸缩缝连接组件应满足相邻接触轨纵向自由位移，并约束其横向、竖向位移。

6.3.15 接触轨断轨处应设端部弯头。

6.3.16 接触轨的位置应符合限界要求。

6.3.17 接触轨受流面部分材料的硬度应高于车辆受流器与接触轨接触部分的材料硬度。

6.3.18 避雷器应设置在高架区段正负极馈线上网处。避雷器的工频接地电阻值不应大于10Ω。

6.4 电缆设计

6.4.1 供电系统所采用的电缆应具有无卤、低烟、阻燃等性能，在高架梁上露天敷设时，其外护套应具有防紫外线的功能。

条文说明

悬挂式单轨交通的地面段可采用低卤电缆。

6.4.2 电缆敷设应便于检修维护。电缆在区间、车站及车辆基地、控制中心建筑内敷设时，应符合现行国家标准《电力工程电缆设计标准》（GB 50217）和《民用建筑电气设计标准》（GB 51348）的有关规定。

6.4.3 供电电缆在区间敷设时，宜在轨道梁内电缆槽敷设。

6.4.4 电缆敷设应符合车站、区间等处限界的要求。

6.4.5 车站或区间的接地干线应与每个金属电缆支架与吊架、桥架进行可靠电气连接，其两端应与变电所的接地网连接。

6.4.6 区间中压环网电缆敷设应留有裕量，应符合现行国家标准《电力工程电缆设计标准》（GB 50217）的有关规定。

6.4.7 电缆吊架应设防止磁回路闭合的措施。

6.4.8 中压电力电缆金属护层的有效截面，应符合电缆故障短路电流的要求。

6.4.9 在车站等建筑物设施内，数量较多的电缆垂直敷设时可采用电缆竖井。

6.4.10 电缆支架与吊架的允许跨距，应符合现行国家标准《电力工程电缆设计标准》（GB 50217）的有关规定。

6.4.11 电力电缆敷设时，应在电缆中间接头两侧、电缆进出支架或桥架端部、拐弯处等紧邻部位的电缆上，采用经防腐处理的电缆卡子进行刚性固定。对于交流单相电力电缆，固定间距还应符合短路电动力的要求。

6.4.12 用于电缆固定的部件，不应采用钢丝直接捆扎电缆。对于交流单相电力电缆的刚性固定，宜采用不构成磁性闭合回路的夹具。

6.4.13 直埋敷设的电缆，应避免位于地下管道的正上方或下方。电缆在区间及车站内敷设时，各相关尺寸及距离应符合现行国家标准《电力工程电缆设计标准》（GB 50217）的有关规定。

6.4.14 电缆进入室内的出入口处、电缆竖井的出入口处、电缆穿越建筑物隔墙楼板的孔洞处以及各供电设备与电缆夹层之间的电缆开孔处，应采取阻燃封堵及分隔措施。

6.4.15 中压交流电力电缆金属层的接地方式及其要求，应符合现行国家标准《电力工程电缆设计标准》（GB 50217）的有关规定。

6.5 动力与照明设计

6.5.1 动力与照明用电设备的负荷分级应符合下列规定：
1 一级负荷应包括火灾自动报警系统设备、消防水泵及消防水管、应急照明、火灾或其他火灾仍需使用的用电设备；通信系统设备、信号系统设备、综合调度自动化系统设备；自动售检票系统设备、站台门设备、变电所操作电源、地下站厅站台等公共区照明等。

2 二级负荷应包括乘客信息系统、变电所检修电源、地上站厅站台等公共区照明、附属房间照明、普通风机、电梯。

3 三级负荷应包括区间检修设备、附属房间电源插座、空调制冷及水系统设备、广告照明、维修设备等。

6.5.2 动力与照明负荷供电方式应符合下列规定：
1 一级负荷由两回独立电源供电，两回电源在设备端进行切换。
2 二级负荷由环网线路以及其他双端供电线路等能构成等效双回电源线路的变电所供电。
3 三级负荷由一回电源供电。

6.5.3 大容量设备或负荷性质重要的用电设备宜采用放射式配电。中小容量动力设备宜采用树干式配电。用电点集中且容量较小的次要用电设备可采用链式配电，链接的配电箱不应超过 5 台，其容量不应超过 10kW。

6.5.4 动力与照明配电设备的无功补偿宜在变电所内集中设置，对于容量较大、负荷平稳且经常使用的用电设备宜单独就地补偿。

条文说明

根据供电系统无功功率的分布特点，设置于变电所内的无功补偿装置可预留位置，待需要时投入设备。

6.5.5 正常运行情况下，用电设备端子处电压偏差允许值宜符合下列要求：
1 电动机：±5%。
2 照明：±5%。
3 区间：−10% ~ +5%。

6.5.6 动力设备及照明的控制根据需求可采用就地控制和远方控制。

6.5.7 车站应设站厅和站台照明、附属房间照明、广告照明、应急照明和导向标志照明等。照明配电箱宜集中设置。车站照明应分组控制。其中地下车站公共区的照明负荷应交叉配电、分组控制。

6.5.8 车站站台、站厅、出入口等公共活动区域内，宜设置节电照明，单独控制。

6.5.9 应急照明应设置在车站的站台、站厅、出入口、疏散通道、紧急出口、机房。应急照明的电源在主电源停电后应自动切换至应急电源，应急照明供电时间不应小于1.5h。

6.5.10 车站站厅和站台应设清扫用移动电器的电源插座。

6.5.11 插座回路应具有漏电保护功能。

6.5.12 车站站厅、站台照明光源宜采用节能灯具。

6.5.13 照明照度标准应符合现行国家标准《城市轨道交通照明》（GB/T 16275）和《建筑照明设计标准》（GB 50034）的有关规定。

6.5.14 应急照明应符合现行国家标准《消防应急照明和疏散指示系统技术标准》（GB 51309）的有关规定。

6.5.15 动力照明的其他设计要求，应符合现行国家标准《低压配电设计规范》（GB 50054）和《民用建筑电气设计标准》（GB 51348）的有关规定。

6.6 电力监控系统设计

6.6.1 供电系统应配置电力监控系统，车站级和中心级与综合调度自动化系统集成。

条文说明

电力监控系统的设备选型、系统容量和功能配置应能满足运营管理的需要，并宜兼顾未来扩展的需要。

6.6.2 电力监控系统应包括主站、子站及数据传输通道。

6.6.3 电力监控系统主站的设计，应包括主站位置、系统构成、设备选型，以及系统功能、容量、监控范围等。

6.6.4 电力监控系统子站的设计，应确定子站设备的位置、容量、功能、选型。

6.6.5 电力监控系统通道的设计应包括通道的结构形式、主/备通道的配置方式、通道的接口形式和性能要求等。

6.6.6 监控对象应包括遥控对象、遥信对象和遥测对象。

6.6.7 遥控对象应包括下列内容：
1 电源开闭所、牵引变电所、降压变电所内 10kV 及以上电压等级的断路器、负荷开关及电动隔离开关。
2 牵引变电所的直流快速断路器、电动隔离开关。
3 降压变电所的低压进线断路器、低压母联断路器、三级负荷低压总开关。
4 接触轨电动隔离开关。
5 有载调压变压器的调压开关。
6 列车再生制动能量吸收装置开关。

6.6.8 遥信对象应包括下列内容：
1 遥控对象的位置信号。
2 高中压各种保护动作信号。
3 交流与直流电源系统的故障信号。
4 降压变电所低压进线断路器、母联断路器、三级负荷低压总开关的保护动作信号。
5 直流接地漏电保护装置的动作信号。
6 列车再生制动能量吸收装置的电动隔离开关位置信号。
7 断路器手车位置信号。
8 控制方式。

6.6.9 遥测对象应包括下列内容：
1 电源开闭所进线电压、电流、功率、有功电度、无功电度。
2 电源开闭所中压母线电压、馈线电流。
3 牵引变电所进线电流，中压母线电压。
4 牵引整流机组电流与有功电度、直流母线电压、馈线电流、负极柜回流电流。
5 变电所交流与直流操作电源的母线电压。

6.6.10 电力监控系统的功能应包括下列内容：
1 遥控功能，遥控种类分单控、程控两种方式，系统应支持站内和跨站程控。
2 对供电系统设备运行状态的实时监视和故障报警。
3 对供电系统中运行参数的遥测。
4 统计报表。
5 自诊断检测。
6 以友好的人机界面实现系统在线维护。
7 主/备通道的切换。

6.6.11 主站硬件应包括下列设备：
1 计算机设备/主机与计算机网络。
2 人机接口设备。
3 打印记录设备和屏幕拷贝设备。
4 通信处理设备。
5 模拟盘或其他显示设备。
6 调试终端设备。

6.6.12 主机应按照双重冗余系统的原则进行配置。

6.6.13 子站设备应具备下列功能：
1 远动控制输出。
2 现场数据采集，包括数字量、模拟量、脉冲量等。
3 远动数据传输。
4 可脱离主站独立运行。

6.6.14 子站远动终端的通信规约应对用户完全开放。

6.6.15 远动数据传输通道宜采用通信系统的数据通道。

6.6.16 电力监控系统的技术指标应符合下列规定：
1 遥控命令传送时间不应大于1s。
2 遥信变位传送时间不应大于2s。
3 遥信分辨率不应大于10ms。
4 遥测综合允许偏差不应大于0.5%。
5 双机自动切换时间不应大于30s。
6 画面调用响应时间不应大于0.5s。
7 系统可利用率不应小于99.8%。
8 远动数据传输速率不应低于64kb/s。
9 平均无故障工作时间（MTBF）不应低于20000h。

6.6.17 电力监控系统用电为一级负荷。系统应配置不间断电源装置。不间断电源设备的容量，应符合交流电源失电后维持系统供电时间不少于2h的要求。

6.6.18 电力监控系统的防雷和接地设计，应符合人身安全及电子信息系统正常运行的要求，并应符合现行国家标准《建筑物防雷设计规范》（GB 50057）和《建筑物电子信息系统防雷技术规范》（GB 50343）的有关规定。

6.7 变电所施工

6.7.1 变电所施工内容应包括110kV及以下的变电所、降压所的基础及构支架、遮拦及栅栏、变压器、互感器、高压断路器、整流器、隔离开关、负荷开关、高压开关柜、无功补偿装置、低压开关柜、母线装置、电源装置等的施工。

6.7.2 变电所施工流程如图6.7.2所示。

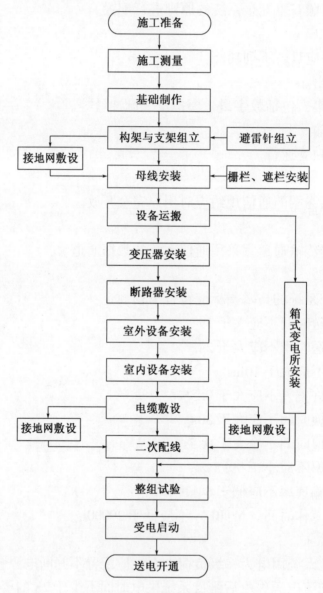

图6.7.2 变电所施工流程图

6.7.3 变电所开工前应具备下列条件：
1 经批准的施工设计文件应齐全。

2 设备基础施工前，场地已平整，并达到设计高程，运输通道条件已具备。
3 室外设备安装前，场内道路及围墙已完工。
4 室内设备安装前，房屋建筑主体工程及顶棚、地坪、墙壁、门窗已完工并干燥，符合设备安装的要求。
5 设备、工机具、材料及加工部件已落实。
6 设计、施工技术交底及技术培训已开展。

6.7.4 设备器材运输、吊装、存放应符合下列要求：
1 各类预制构支架及电气设备的运输、吊装应符合有关安全技术规程和产品说明书的规定，大型特殊设备的运输、吊装应制订专门的安全技术措施。
2 起重设备负荷力、载具承载力、绳吊索拉力、混装运输应符合有关安全技术要求。
3 选择运输、吊装机具应符合场地允许条件和周围设备安全的要求。
4 应根据设备重心选择吊点及牵引着力点位置或按产品技术文件要求的位置吊装。
5 瓷件运输时不应拆除包装物，不应受到任何外力挤压和碰撞，瓷件裸装卸应采用尼龙吊装带或采用具有保护措施的吊装索具。
6 上重下轻的设备、立式运输的设备应采取防止倾覆、挤碰的措施。
7 电线电缆宜成盘装运，且在运输过程中应直立摆放，固定牢靠。
8 各类电气设备及零配件运到工地应妥善保管，产品有特殊要求的应按产品技术文件要求采取措施。

6.7.5 基础及构支架施工内容应包括变电所设备安装、构支架、避雷针等的基础制作及构支架组立安装等。

6.7.6 基础及构支架应按下列要求进行测量：
1 位置、高程应按照基础平面设计图和土建场地的轴线标桩及规定的水准点进行测量，并应与房建高程一致。
2 同一轴线的基坑应一次测定。
3 各类标桩设置应齐全、稳固。

6.7.7 基础混凝土的施工应符合设计要求和现行国家标准《混凝土工程施工质量验收规范标准》（GB 50204）的有关规定。

6.7.8 基础浇筑应符合下列要求：
1 基础浇筑宜选用商品混凝土，现场搅拌混凝土应采用混凝土搅拌机。
2 变电所设备及构架基础的施工允许偏差应符合设计文件规定。

6.7.9 室内设备基础预埋型钢安装的允许偏差应符合设计文件规定或产品技术文件要求，无设计要求时其顶部宜高出抹平的地面 10mm。

6.7.10 钢筋混凝土电杆的钢圈焊接时应采用电焊，并采取防腐措施。

6.7.11 钢结构母线构架和设备支架安装应符合设计或产品技术文件要求。

6.7.12 进线或终端构架在进行预倾斜组立时，其倾斜角度不应大于电杆高度的 3‰，并保持各组构架电杆杆顶位于同一安装中心线上。

6.7.13 横梁及设备托架的安装应水平、牢固，紧固件应齐全。母线横梁的弯曲度不大于其全长的 5‰，安装位置及固定方式应符合设计要求。连梁角钢或配件与杆顶钢板的连接应牢固、可靠、密贴。

6.7.14 横梁及设备托架应设有明显的接地引下线与接地网相连接，连接应牢靠。

6.7.15 遮栏及栅栏施工内容应包括遮栏、栅栏的安装，遮栏及栅栏应工厂化加工。

6.7.16 遮栏及栅栏安装应符合下列要求：
1 遮栏或栅栏的安装位置、高度应符合设计要求。
2 立柱埋设应垂直、牢固，高度一致，同一轴线上的立柱应在同一平面内。室外遮栏立柱的顶端应封堵。
3 制作遮栏的钢板及钢板网应平整，不应有尖角和毛刺。网板与边框、遮栏与立柱应焊接牢固。
4 遮栏防止侵入带电间隔的闭锁装置应安装正确、可靠。
5 遮栏及栅栏应有良好的接地，所有能开启的门应用软铜线与立柱连接，立柱应可靠接地。
6 遮栏及栅栏金属表面的防腐层应完好，其颜色应均匀一致。
7 遮栏及栅栏与带电部分的距离应符合有关技术规定。
8 各间隔的编号、名称、警告标志应书写齐全、正确。

6.7.17 电力变压器施工内容应包括油浸式变压器和干式变压器的运输、安装和调整。

6.7.18 变压器短距离运输、装卸应进行相关调查，调查完毕后应编制运输装卸方案。

6.7.19 干式变压器安装应符合下列要求：
  1 设备安装位置应符合设计要求。
  2 变压器安装在基础上，且应平稳、固定牢靠。
  3 温度监控装置安装位置应方便运营观察。
  4 设备接地可靠，各部位连接螺栓紧固。
  5 安装后，应进行直流电阻及绝缘测试。

6.7.20 整流器管单个参数、配对结果应符合设计及产品技术要求，快速熔断器表面不应有裂纹、破损，绝缘部件完整。

6.7.21 整流柜本体及其附件安装应符合下列规定：
  1 整流柜内、外应清除干净，临时固定器件的绳索标签等应拆除，盘面应清洁。柜体安装排列整齐，表面油漆色泽一致、完好，标识正确。
  2 柜内元器件应完整无损并固定牢固。
  3 端子排等不应有断裂变形，接触弹簧片应有弹性。
  4 元器件出厂时调整的定位标准应无错位现象。
  5 柜、绝缘板与基础槽钢间连接紧密，固定牢固。

6.7.22 整流器柜内外及盘面应清洁，油漆完整。柜门开启自如，门与柜体间连接软导线应安装牢固。

6.7.23 互感器施工内容应包括电压互感器、电流互感器的安装。

6.7.24 互感器进场验收除应符合本标准第 3.4.1 条的规定外，尚应符合下列要求：
  1 油位应正常，密封应良好，不应有渗油现象。
  2 互感器的变比分接头的位置和极性应符合规定。
  3 二次接线板应完整，引线端子应连接牢固、绝缘良好、标志清晰。
  4 隔膜式储油柜的隔膜和金属膨胀器应完整无损，顶盖螺栓应紧固。
  5 干式互感器顶部绝缘机械固定板应完好无损。

6.7.25 互感器安装应符合下列要求：
  1 整体起吊时，吊索应固定在规定的吊环上，并应设置防倾倒措施，除制造厂有特殊规定者外，不应利用瓷裙起吊及碰伤瓷套。
  2 互感器安装面应水平，并列安装时应排列整齐，同一组互感器的极性方向应一致。
  3 具有吸湿器的互感器，其吸湿剂应干燥，油封油位应正常。呼吸孔的塞子带有垫片时，应将垫片取下。

4 具有均压环的互感器，均压环应安装牢固、水平，且方向正确。具有保护间隙的，应按制造厂规定调好距离。

5 零序电流互感器的安装，不应使构架或其他导磁体与互感器铁心直接接触，或与其构成分磁回路。

6.7.26 互感器接地应符合下列要求：

1 分级绝缘电压互感器的一次绕组接地引出端子、电容型绝缘电压互感器一次绕组末屏的引出端子及铁芯引出接地端子、互感器的金属底座或外壳应接地良好。

2 电流互感器的备用二次绕组端子先短接后接地。

3 电容式电压互感器应按产品技术文件要求接地。

6.7.27 高压断路器施工内容应包括独立安装的断路器的安装、调整。

6.7.28 断路器在运输和装卸过程中，不应倒置、碰撞或受到剧烈振动。

6.7.29 断路器进场验收除应符合本标准第 3.4.1 条的规定外，尚应符合下列要求：

1 断路器的联动及闭锁方式应符合设计要求。

2 断路器充气部件的气体压力应符合产品的技术文件要求。

6.7.30 断路器安装应符合下列要求：

1 断路器在安装时，基础应达到承重要求，断路器的基础或支架中心线及高度允许偏差应符合设计和产品技术文件要求。

2 三相为整体式结构的断路器，其安装后底架平面的水平允许偏差不应大于 2mm。相间为独立式结构的断路器，其安装后的水平允许偏差应符合产品技术文件要求。

3 断路器及其操动机构的安装应垂直、牢固，底座或支架与基础间的调平垫片不应超过 3 片。垫片厚度：断路器不应大于 10mm，操动机构不应大于 20mm，且各垫片间应焊接牢固。

4 断路器不应在现场进行解体检查，组装时选用的吊装器具、吊点及吊装程序应符合产品的技术文件要求。

5 法兰的密封槽应清洁，运输中使用的密封垫不应用于安装。涂密封脂时，不应使其流入密封垫内侧。

6 装有吸附剂的断路器，应按产品技术文件要求更换吸附剂。

7 调整后的各项动作参数应符合产品技术文件要求。

6.7.31 断路器联合动作调试应符合下列要求：

1 具有慢分、慢合装置的断路器，在进行快速分、合闸前，应先进行慢分、慢合操作，分、合过程中不应有卡阻、滞留现象。

2 机械指示器的分、合闸位置应与断路器的实际状态一致。

6.7.32 隔离开关、负荷开关及高压熔断器进场验收时应检验隔离开关、负荷开关及其操动机构转动部分的灵活性，所有固定连接部位应牢靠。

6.7.33 隔离开关及负荷开关安装与调整应符合下列要求：

1 隔离开关的相间距离允许偏差：110kV及以下不应大于10mm，相间连杆应在同一水平线上。

2 除V型隔离开关外，支柱绝缘子应垂直于底座平面，且连接牢固。同一绝缘子柱的各绝缘子以及同一相各绝缘子柱的中心线应在同一垂直平面内。

3 传动装置的拉杆应校直，其内径与操动机构的转轴直径应相配合，两者间的缝隙不应大于1mm，连接部分的销子不应松动。

4 延长轴、轴承、拐臂等传动部件的安装位置应正确，且固定牢靠。

5 接地刀转轴上的扭力弹簧应调整到操作力矩最小，并加以固定。其垂直连杆上应涂以黑色油漆。

6 分、合闸止钉的间隙应符合产品技术文件要求，且固定牢靠。

7 操动机构安装应牢固，动作平稳，不应有卡阻或冲击现象。

8 电动操作的隔离开关，应先手动进行分、合闸调整，合格后再进行电动操作检查。

9 隔离开关、负荷开关合闸后，触头间的相对位置以及分闸后触头间的净距或拉开角度，应符合产品技术文件要求。

10 三相联动的隔离开关在分、合闸时触头应同时接触，触头接触时的不同期值应符合产品技术文件要求。

11 负荷开关合闸后，主触头应与主刀刃接触。分闸时，三相的灭弧刀片应同时跳离固定灭弧触头。

12 隔离开关、负荷开关的闭锁装置应动作灵活、正确、可靠。带有接地刀的隔离开关，主触头与接地刀间的机械或电气闭锁应正确、可靠。

13 隔离开关及负荷开关的辅助开关应安装牢固，动作正确，接触良好。

6.7.34 隔离开关、负荷开关的导电部分安装应符合下列要求：

1 用0.05mm×10mm的塞尺检查触头的接触情况，对于线接触应塞不进去。对于面接触，接触宽度为50mm及以下时，塞入深度不应超过4mm；接触宽度为60mm及以上时，不应超过6mm。

2 触头间的接触紧密，两侧的接触压力均匀。

3 触头表面应平整、清洁，并涂以电力复合脂。可挠连接部分不应有折损，且应连接牢固、接触良好。

6.7.35 高压熔断器安装应符合下列要求：
1 带钳口的熔断器，其熔断管应紧密地插入钳口内。
2 装有动作指示器的熔断器，应便于检查指示器的动作情况。
3 跌落式熔断器的熔管轴线与铅垂线的夹角应为 15°～30°，跌落时不应碰及其他物体。
4 熔断管或熔丝的规格应符合设计要求，熔丝的连接固定应符合产品技术文件要求。

6.7.36 开关柜安装应符合下列要求：
1 按产品技术要求方法进行开关柜的吊装和搬运，不应损伤柜体表面涂层。
2 开关柜的安装宜由端柜侧开始进行安装，第一面开关柜就位固定后，调整其位置、垂直度和水平度，符合产品技术文件要求后固定牢靠。
3 按图纸依次连接后续开关柜，柜体的组立应垂直牢固，应符合产品技术文件要求。
4 组装母线桥时，母线桥的组装形式及母线的安装方式应符合产品技术文件要求。
5 母线应按相序分别进行连接。
6 并列开关柜全部就位后，每台柜内的主接地母线应连接成一个整体，并从全部并列开关柜的两端与接地网可靠连接。

6.7.37 高压电缆连接应符合下列要求：
1 电缆终端头的制作形式应符合开关柜的产品特性。对采用电缆插接装置进行电气连接的电缆，电缆终端头与插接头的连接方式应符合产品技术文件要求。
2 电缆插头插入电缆插口后应固定牢靠，电缆在开关柜底板处应按产品技术文件要求进行固定及接地。
3 开关柜底板处的电缆孔应进行封堵。

6.7.38 高压开关柜传动测试应符合下列要求：
1 应对开关柜内的断路器、隔离开关进行手动操作传动检查，并检查电气闭锁回路及三工位隔离开关动作的可靠性。
2 应对开关柜内的断路器、隔离开关进行电动操作传动检查，开关动作及电气联锁功能应符合设计要求。

6.7.39 高压开关柜在带电投运之前应检测下列项目：
1 开关柜的底座槽钢、框架和接地母线应可靠接地。
2 进出线电缆的方向、相序正确，电缆的规格、型号应符合设计及产品技术文件要求。
3 GIS 开关柜的断路器室和母线室的气体压力应符合产品技术文件要求的额定值。

4 开关柜内的断路器、隔离开关传动检查正常，应符合国家现行标准的有关规定。

5 开关柜的电气试验项目应符合产品技术文件要求和国家有关该类产品试验标准的规定。

6.7.40 无功补偿装置安装应符合下列要求：

1 电容器、晶闸管阀组支架的组装应保持水平及垂直状态，固定牢靠。用绝缘子支撑的支架，绝缘子的顶面高度应在同一水平面上。

2 空心电抗器支柱绝缘子应垂直安装，固定牢靠。各支柱绝缘子顶面在同一水平面上。油浸和干式电抗器安装在基础上且应平稳牢固，对称于基础中心线。

3 柜体固定牢固、排列整齐，并应符合本标准有关要求。

4 电容器的铭牌应朝向通道或柜门一侧，安装在电容器端子上的熔断器及其连接线应符合设计要求，布置应对称一致。

5 引至电抗器、电容器组的母线及分支线应涂相色标志。三相电容器组之间的连接方式应符合设计要求。

6 晶闸管阀组应按产品技术文件进行安装。同相晶闸管阀组与电抗器的连接及它们三相之间的连接方式应符合设计要求。

7 所有柜体、设备的电气连接应符合设计文件和产品技术文件的要求。

8 设备接地应符合设计要求。

6.7.41 低压开关柜施工内容应包括抽屉式或固定式开关柜的施工，低压开关柜的安装除应符合本标准第6.7.36条的规定外，尚应符合下列要求：

1 将成列柜按厂家提供的贯通接地线在柜间统一连接起来，并在其两端分别与接地母线进行连接。

2 机械连锁操作开关的连接、分断、试验、移动、分离功能应符合产品技术的有关要求。

3 各功能单元与配电母线的连接应正确可靠，抽屉的触头接触应良好，相序正确。

4 按各功能单元的不同用途布放电缆，根据电缆截面选择适宜的接线端子进行压接，连接到指定的位置，引入长度应一致，电缆较多时，应绑扎成束。

5 电缆连接完毕后，开关柜底部应封堵。

6.7.42 母线装置施工内容应包括额定电压110kV及以下软母线、硬母线、管形母线装置的安装及调整，绝缘子及穿墙套管的安装与调整等。

6.7.43 母线装置施工应符合现行国家标准《电气装置安装工程 母线装置施工及验收规范》（GB 50149）和《地下铁道工程施工标准》（GB/T 51310）的有关规定。

6.7.44 交流与直流电源装置施工内容应包括免维护蓄电池及交流与直流电源装置的施工与安装。

6.7.45 交流与直流电源装置工程施工应符合现行国家标准《地下铁道工程施工标准》（GB/T 51310）的有关规定。

6.8 接触轨安装

6.8.1 接触轨施工内容应包含支撑结构、中间接头、中心锚结、电缆连接板、膨胀接头、端部弯头、接触轨、开关、避雷器、电缆等构件的安装。

6.8.2 接触轨施工流程如图 6.8.2 所示。

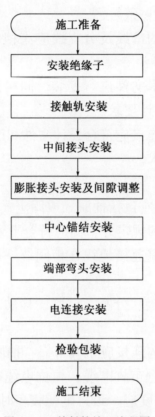

图 6.8.2 接触轨施工流程图

6.8.3 接触轨安装时，应采用安装接触轨专用扳手、测力扳手等专用工器具进行施工安装，所有预配件、零部件的螺栓应采用力矩扳手紧固，紧固力矩、防松措施等应符合设计和产品技术要求。

6.8.4 支持绝缘子安装应符合下列要求：
1 支持绝缘子的安装位置及安装方式应符合设计要求及产品技术文件要求。

2 在梁外侧固定时待接触轨安装后将绝缘子旋转90°，应用力矩扳手拧紧，紧固力矩应符合技术说明书要求或者设计要求。

6.8.5 接触轨安装应符合下列要求：
1 接触轨安装中各个接触面加工时应清洁，并应涂抹导电油脂。
2 接触轨安装位置、方向应符合设计和有关技术文件的要求。
3 接触轨与已安装到位的相邻接触轨相对接，对接端头应干净、接触良好，不应有毛刺。
4 相邻两段接触轨安装后，钢带面高差应符合技术文件标准要求。

6.8.6 中间接头安装应符合下列要求：
1 接触轨及中间接头所有配合表面应接触良好。
2 中间接头各部件安装应符合设计及有关技术规范要求。
3 安装完后检查接触表面，钢带面高差应符合产品技术文件要求。

6.8.7 中心锚结安装应符合下列要求：
1 中心锚结各零部件宜用扭矩扳手紧固螺栓，紧固力矩应符合产品技术文件要求。
2 安装位置应符合设计要求，不应有铝屑等杂物。

6.8.8 膨胀接头安装应符合下列要求：
1 膨胀接头组件搬运时外观应完好，按图纸检查各组件，安装应符合产品技术文件要求。
2 用温度计测出已安装接触轨的温度，宜选取铝轨底面、轨腹下部及钢带表面为温度感应点，记录读数并计算其平均值。
3 根据设计安装曲线及温度间隙表进行间隙调整，在测量间隙值时，应以接触轨中心线为基准。
4 接触轨和膨胀接头钢带面高度及对齐情况、膨胀接头间隙，应符合设计要求和产品技术文件要求。

6.8.9 端部弯头安装应符合下列要求：
1 端部弯头安装端面与轨面的垂直度应符合设计要求和产品技术文件要求。
2 端部弯头的断口与接触轨之间密贴，不应有高差。

6.8.10 接触轨平滑度检测应符合下列要求：
1 接触轨平滑度应符合设计要求和产品技术文件要求。
2 接触轨宜采用轨道梁内运行的检测装置进行检测。
3 相邻两段接触轨安装后，钢带面高差不应超过0.2mm，安装完成后接触轨受流面断口应无高差。

6.9 电缆敷设

6.9.1 电缆敷设施工流程如图 6.9.1 所示。

图 6.9.1 电缆线路施工流程图

6.9.2 电缆路径应依据设计图纸进行复测，建立测量台账，在工厂进行电缆配盘编号。

6.9.3 电缆及其附件进场验收应符合本标准第 3.4.1 条的规定。

6.9.4 电缆及其有关材料储存应符合下列要求：
 1 电缆应集中分类存放，并应标明型号、电压、规格、长度。
 2 电缆盘之间应有通道，地基应坚实，当受条件限制时，盘下应加垫，存放处不得积水。
 3 电缆附件绝缘材料的防潮包装应密封良好，并应根据材料的性能和保管要求储存和保管。

4 电缆在保管期间，电缆盘及包装应完好，标志应齐全，封端应严密。当有缺陷时，应及时处理。

6.9.5 电缆敷设前应符合下列要求：
1 电缆通道畅通，排水良好，金属部分的防腐层应完整，电缆隧道内照明、通风应符合要求。
2 电缆支架应齐全，安装牢固，金属电缆支架防腐应处理完好。
3 电缆型号、电压等级、规格应符合设计要求。
4 电缆外观不应有损伤，绝缘应良好。
5 电缆绝缘测试应合格。
6 敷设前应按电缆清册和测量台账进行配盘。
7 在带电区域内敷设电缆，应采取安全措施。

6.9.6 电缆敷设前准备工作应包括下列内容：
1 施工人员应核对电缆敷设清册、电缆路径图、电气设备名称、电缆及电缆路径名称编号，确保符合设计要求。
2 在敷设路径较暗的地方，应增加照明。
3 检查电缆敷设路径，不应有损坏电缆的因素。

6.9.7 地面线路电缆明敷时，宜采取罩盖防晒保护措施。

6.9.8 交流单芯电缆不应单独穿入钢管内。当穿入钢管时，应对钢管全长轴向切割开缝。

6.9.9 电缆头制作应符合下列规定：
1 中压系统各类电缆头应使用预制型电缆附件制作。
2 在电缆中间接头处，其电缆铠装、金属屏蔽层应各自有良好的电气连接并相互绝缘。在电缆终端头处，电缆铠装、金属屏蔽层应分别用接地线在两端引出，接地位置及方式应符合设计文件要求。

6.9.10 电缆井及电缆保护管预埋应符合下列规定：
1 金属保护管内外壁应做防腐处理。埋设于混凝土内的导管内壁应做防腐处理，外壁可不做防腐处理。
2 直埋于地下或楼板内的刚性绝缘保护管，在穿出地面或楼板时应采取保护措施。
3 所有沟口、洞口、电缆进出口应用防火材料进行封堵。

6.9.11 金属铠装直流电缆的铠装层应采用单端接地方式，接地点宜选择在电源侧电缆夹层桥支架上，不应与直流设备框架相接触。

6.9.12 直流馈线电缆上网点铜铝材质连接时，应采用铜铝过渡的措施。

6.9.13 低压电缆及控制电缆终端头可采用预制电缆头套、干包、绝缘自粘胶带绕包工艺制作，接头应有防潮措施。

6.9.14 电缆在支架或桥架上不宜交叉，应排列整齐，绑扎牢固。排列层次应符合设计文件要求。

6.9.15 同一回路的所有相线及中性线，应敷设在同一金属槽内或穿于同一金属导管内，导线在金属槽盒内不应有接头。

6.9.16 电缆标志牌装设应符合下列要求：
  1 在过道防护管的两端、电缆终端头、电缆预留处、电缆接头、转弯处、夹层内、隧道及竖井的两端、人井内等地方，电缆上应装设标志牌。
  2 标志牌上应注明线路编号。当无编号时，应写明电缆型号、规格及起讫点。并联使用的电缆应有顺序号。标志牌的字迹应清晰且不易脱落。
  3 标志牌规格宜统一。标志牌应能防腐，挂装应牢固。
  4 同一路径不同用途的电缆宜采用不同的标志牌，间距不宜大于200m。

6.10 动力与照明施工

6.10.1 动力与照明施工应符合现行国家标准《建筑电气工程施工质量验收规范》（GB 50303）和《地下铁道工程施工标准》（GB/T 51310）的有关规定。

6.10.2 动力与照明施工流程如图6.10.2所示。

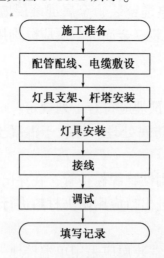

图6.10.2 动力与照明施工流程图

6.10.3 低压动力柜及配电箱进场验收除应符合本标准第3.4.1条的规定外，尚应符合下列要求：

1 螺栓连接的导线不应有松动，焊接连接端子的导线不应有脱焊、碰壳、短路。
2 进行模拟试验时，动作应可靠，灯光信号显示应正确。

6.10.4 封闭母线进场验收除应符合本标准第3.4.1条的规定外，尚应符合下列要求：

1 检查设备及附件，分段标志应清晰、齐全，外观不应有损伤变形。
2 母线螺栓搭接面应平整，镀层覆盖应完整，不应有起皮麻面。

6.10.5 预留孔、预埋件的位置和尺寸应符合设计要求，预埋件应埋设牢固。

6.10.6 成排或集中安装的低压电器应排列整齐，便于操作及维护。

6.10.7 消防用配电设备应有明显标志。

6.10.8 导管及电线、电缆的进场验收除应符合本标准第3.4.1条的规定外，尚应符合下列要求：

1 钢导管外观完好、内壁应光滑，镀锌钢导管镀层应完整、表面不应有锈斑，绝缘导管及配件不应破裂、表面应有阻燃标记。
2 电线的绝缘层应完整无损、厚度均匀，电缆不应有压扁、扭曲、铠装松卷缺陷。

6.10.9 配电线路不应穿越风管内腔或敷设在风管外壁上，穿金属管保护的配电线路可紧贴风管外壁敷设。

6.10.10 穿过楼板、墙壁预留孔洞敷设的配电线路，应采取防火封堵措施。

6.10.11 导线或电缆并联使用时，应符合下列要求：
1 导线或电缆并联使用时线路长度应相同，且其全长内不应有分支线路引出。
2 并联导体的型号、截面应相同，负载电流应相同。
3 线路敷设和终端连接方式应相同。

6.10.12 低压动力柜及配电箱安装应符合下列要求：
1 安装位置、高度、质量应符合设计要求。
2 室外配电箱间的线缆连接不应使用普通硬质塑料管，且应密封良好。

6.10.13 封闭母线应根据现场设备的安装位置测量母线槽安装尺寸，并按测量尺寸生产。

6.10.14 封闭母线安装前应测量预留孔的几何尺寸和垂直预留孔的垂直度，垂直度允许偏差应在允许范围内，封闭母线与预留孔边沿净距应符合有关技术文件要求。

6.10.15 封闭母线、插接母线安装应符合下列要求：
1 支座安装应牢固，其水平或垂直设置的支架及托架均应设有调整螺栓，封闭母线应处于水平或垂直状态。
2 母线应按分段图、相序、编号、方向和标志正确放置，每相外壳的纵向间隙分配均匀。
3 母线与外壳间应同心，其允许偏差不应超过5mm，段与段连接时，两相邻段母线及外壳应对准，连接后不应使母线及外壳受到机械应力。
4 母线的连接方法应符合产品技术文件要求。
5 橡胶伸缩套的连接头、穿墙处的连接法兰、外壳与底座之间、外壳各连接部位的螺栓应采用力矩扳手紧固，各结合面应密封良好。
6 外壳的相间短路板应位置正确、连接良好，相间支撑板应安装牢固。

6.10.16 电气照明相关设备安装位置和方式应符合设计要求。

6.10.17 电气照明安装应符合现行国家标准《建筑电气工程施工质量验收规范》（GB 50303）和《地下铁道工程施工标准》（GB/T 51310）的有关规定。

6.10.18 仓库、有爆炸和火灾危险场所使用的灯具，应符合现行国家标准《爆炸危险环境电力装置设计规范》（GB 50058）的有关规定。

6.10.19 电缆线路施工应符合本标准第6.9节的有关规定。

6.11 电力监控系统施工

6.11.1 电力监控系统施工内容应包括电源开闭所、牵引变电所、降压变电所等各类电力设备监控系统的施工。

6.11.2 电力监控系统施工流程如图6.11.2所示。

6.11.3 监控设备的运输、保管应采取防振、防潮、防止框架变形和漆面受损等措施，当产品有特殊要求时，应符合产品技术文件的规定。

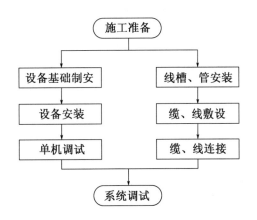

图 6.11.2 电力监控系统施工流程图

6.11.4 传感器、变送器、电动阀门及执行器、现场控制器等现场监控设备安装应符合下列要求：

1 安装位置应符合设计和产品技术文件要求，并应安装牢固。
2 并列安装的同类传感器、变送器、电动阀门及执行器、现场控制器距地面高度应一致。
3 电量传感器安装时不应有电压传感器输入端短路和电流传感器输出端开路。
4 电量传感器裸导体之间或者与其他裸导体之间的距离不小于4mm。
5 电源模块裸导体之间或者与其他裸导体之间的距离不小于4mm。

6.11.5 监控系统的线缆布放应符合下列要求：

1 线缆的型号、规格、布放路径应符合设计要求，排列应整齐美观，不应有扭绞、交叉现象。
2 线缆布放前应进行测试和外观检查，线缆不应有断线、混线和外皮破损现象。测试电缆的绝缘电阻、耐压等电气指标应符合现行国家标准《电气装置安装工程 电气设备交接试验标准》（GB 50150）的有关规定。
3 不同系统、不同电压等级、不同电流类别的线路，不应穿在同一管内或线槽的同一槽孔内。

6.12 防雷、接地安装

6.12.1 防雷、接地施工内容应包括电源开闭所、牵引变电所、降压变电所及电缆线路等的防雷、接地。

6.12.2 变电所内接地网及接地母线施工流程如图 6.12.2-1 所示，室内外设备接地线施工流程如图 6.12.2-2 所示。

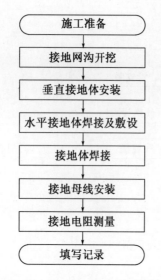 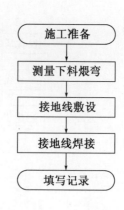

图 6.12.2-1 接地网及接地母线施工流程图　　图 6.12.2-2 室内外设备接地线施工流程图

6.12.3 接地装置的设置方式应符合设计要求。

6.12.4 独立避雷针接地装置、所内网状接地装置之间的连接施工应符合设计要求。

6.12.5 低压电气设备地面上外露接地线的最小截面应符合设计要求。

6.12.6 避雷器、浪涌保护器在安装前应试验合格。

6.12.7 电力设备接地引接线与接地端子连接应牢固，并应做电气连接导通性试验。

6.12.8 避雷针组立前应先将避雷针地中独立接地网及所内主接地网敷设完成，避雷针组立后应用引下线与地中独立接地网焊接牢固，且焊接不少于两处。

6.12.9 避雷针安装应符合下列要求：
1　避雷针应平直，焊接牢固，焊缝饱满，不应有裂缝、气孔、脱焊等缺陷。
2　避雷针节与节的连接：当采用焊接时，焊口应附有两根不小于下节主筋截面的加强钢筋，焊缝应饱满。当采用螺栓连接时，节间应加焊跨接圆钢，圆钢的直径不应小于12mm，紧固件应齐全。避雷针的防腐层应完好。
3　避雷针安装应垂直，各节中轴线应在一条垂直线上，倾斜度不应大于3‰。
4　避雷针与基础连接应采用双螺母防松，紧固后应涂黄油防腐。基础表面应用水泥砂浆制作防水帽。

6.12.10 避雷器安装应符合下列要求：

1 应垂直安装，固定牢固。

2 避雷器的各节连接处的接触面应除去氧化膜，并涂一层电力复合脂。并列安装的三相避雷器，其中心线应在同一垂直平面内。铭牌应位于易于观察的同侧。

3 多节避雷器组装时，各节位置应符合产品出厂标志的编号。

4 金属氧化物避雷器的排气通道应畅通，排出的气体不应引起相间或对地闪络，并不应喷向其他电气设备。

5 避雷器引线的连接不应使其顶端受到超过允许的拉力。

6.12.11 接地网钢接地体及接地线的焊接应采用搭接焊，并应符合下列要求：

1 扁钢的搭接长度应为其宽度的2倍，且至少焊接3个棱边。圆钢的搭接长度应为其直径的6倍且双侧焊接。圆钢与扁钢连接时，其长度应为圆钢直径的6倍。

2 扁钢与钢管、扁钢与角钢焊接时，为了连接可靠，除应在其接触部位两侧进行焊接外，还应以由扁钢弯成的弧形或直角形卡子或直接由扁钢本身弯成弧形或直角形与钢管或角钢焊接。

3 焊接应牢固，不应有虚焊，焊接部位应做防腐处理。

6.12.12 接地网铜接地体及接地线焊接采用热剂焊时，应符合下列要求：

1 接地体在进行放热焊接前被焊接件应清洁，熔模熔腔和型腔内不应有焊渣块或焊渣粉末，并应使用喷灯烘干被焊接件和熔模。

2 熔接接头外观不应有尖角、缺口、卷边、裂痕等缺陷。

3 熔接口不应有蜂窝状气孔。

4 熔接接头与熔接件间应连接牢固，不应有松动、空隙、裸露现象。

5 放热焊模具使用次数应符合产品寿命的有关规定。

6.12.13 设备及构支架的接地线，其埋入地下部分及露出地面部分应涂防腐漆。

6.12.14 变电所设备接地应按设计要求与等电位箱连接，等电位连接应可靠，熔焊、钎焊或机械紧固应导通正常。

6.13 变电所工程施工质量验收

6.13.1 变电所工程施工质量验收内容应包括基础及构支架、遮拦及栅栏、变压器、互感器、高压断路器、整流器、隔离开关、负荷开关、高压开关柜、无功补偿装置、低压开关柜、母线装置、电源装置系统等的施工质量验收。

6.13.2 基础混凝土的施工质量验收应符合现行国家标准《混凝土结构工程施工质量验收规范》（GB 50204）的有关规定。

6.13.3 基础及构支架、遮栏及栅栏的施工质量验收应符合设计文件要求和现行国家标准《地下铁道工程施工质量验收标准》（GB/T 50299）的有关规定。

6.13.4 电力变压器、互感器的施工质量验收应符合现行国家标准《电气装置安装工程 电力变压器、油浸电抗器、互感器施工及验收规范》（GB 50148）和《地下铁道工程施工质量验收标准》（GB/T 50299）的有关规定。

6.13.5 高压断路器的施工质量验收应符合现行国家标准《电气装置安装工程 高压电器施工及验收规范》（GB 50147）和《地下铁道工程施工质量验收标准》（GB/T 50299）的有关规定。

6.13.6 整流器施工质量应符合下列要求：
1 整流器柜外形尺寸、柜内设备规格、型号、安装位置应符合设计要求。
2 整流器柜柜体采用绝缘法安装并经框架保护接地，整流器柜柜体对地绝缘电阻值应符合设计要求。
3 整流器的试验、调整及整机检查结果应符合设计、施工规范和产品技术文件的要求。

6.13.7 隔离开关、负荷开关及高压熔断器施工质量应符合下列要求：
1 隔离开关、负荷开关及高压熔断器的安装位置及接地装置的安装应符合设计要求。安全净距应符合设计要求。
2 隔离开关、负荷开关安装应牢固可靠，传动装置应动作灵活。触头接触紧密并应符合技术说明要求。
3 隔离开关、负荷开关分闸时触头打开的距离或角度、合闸时相间的不同期值应符合设计要求和产品技术文件要求，位置指示器与开关的实际位置应相符。
4 高压熔断器相间距离应符合设计要求，安装应牢固可靠，熔丝的规格应符合设计要求。
5 隔离开关、负荷开关及高压熔断器的电气性能检验项目及要求应符合现行国家标准《电气装置安装工程 电气设备交接试验标准》（GB 50150）的有关规定。
6 隔离开关、负荷开关的相间距离允许偏差不应大于10mm，相间连杆应处于同一水平线上。
7 隔离开关、负荷开关的轴承、拐臂、延长轴等传动部件安装位置应正确、牢固，分、合闸止钉与拐臂的距离应符合产品技术文件要求，闭锁装置应动作灵活、准确可靠。
8 带钳口的高压熔断器，熔断管应紧密地插入钳口内，不应有松动现象。跌落式熔断器的熔管轴线与铅垂线的夹角宜为15°~30°。跌落时不应碰及其他物体。

6.13.8 高压开关柜的安装质量应符合设计要求，验收应符合现行国家标准《电气装置安装工程盘、柜及二次回路接线施工及验收规范》（GB 50171）和《电气装置安装工程 高压电器施工及验收规范》（GB 50147）的有关规定。

6.13.9 无功补偿装置施工质量应符合下列要求：
1 无功补偿装置的接地方式及接地电阻值应符合设计要求。
2 无功补偿装置的接线、布置、容量应符合设计要求。
3 无功补偿成套装置的安装位置应正确，周围排水通畅。用地脚螺栓固定的螺母齐全，紧固。自由安放时，应垫平放正。防潮防污功能、噪声标准应符合设计要求。
4 无功补偿成套装置可实现自动检测、远方手动投切和现场手动投切，各种方式之间有可靠的闭锁。平均功率因数应符合设计要求。
5 无功补偿装置的电气性能检验项目及要求应符合现行国家标准《电气装置安装工程 电气设备交接试验标准》（GB 50150）的有关规定。

6.13.10 低压开关柜施工质量应符合下列要求：
1 低压开关柜安装的允许偏差应符合设计要求，低压开关柜的接地方式应符合设计要求。
2 低压开关柜上安装的元器件应符合设计要求。所有电器的功能标签齐全，规格一致。二次回路接线应正确，连接可靠。
3 计量回路的表计应在计量合格有效期内。
4 低压开关柜的电气性能检验项目及要求应符合现行国家标准《电气装置安装工程 电气设备交接试验标准》（GB 50150）的有关规定。
5 抽屉式配电柜的抽屉推拉应轻便、灵活，不应有卡阻、碰撞现象，同类型不同规格的抽屉应能互换。抽屉的机械、电气联锁装置应动作正确、可靠。

6.13.11 母线装置施工质量验收应符合现行国家标准《电气装置安装工程 母线装置施工及验收规范》（GB 50149）的有关规定。

6.13.12 交流与直流电源装置的施工质量验收应符合现行国家标准《地下铁道工程施工质量验收标准》（GB/T 50299）的有关规定。

6.13.13 不间断电源系统施工质量验收应符合现行国家标准《电气装置安装工程 蓄电池施工及验收规范》（GB 50172）和《地下铁道工程施工质量验收标准》（GB/T 50299）的有关规定。

6.13.14 再生制动装置施工质量应符合下列要求：
1 再生制动装置的接地方式及接地电阻值应符合设计要求。

2 再生制动装置的接线、布置、容量应符合技术规范和设计要求。
3 再生制动装置的电气性能检验项目及要求应符合现行国家标准《电气装置安装工程 电气设备交接试验标准》（GB 50150）的有关规定。

6.13.15 无功补偿装置、低压开关柜、再生制动装置的安装位置应符合设计要求，安全净距应符合设计要求。

6.14 接触轨施工质量验收

6.14.1 接触轨施工质量验收内容应包括绝缘支撑底座、中间接头、中心锚结、电缆连接板、膨胀接头、端部弯头、接触轨安装及静态检测等。

6.14.2 接触轨安装的绝缘距离应符合设计要求。

6.14.3 绝缘支撑装置的安装位置、方式、排列顺序应符合设计要求，安装应稳固可靠。

6.14.4 绝缘子的电气性能检验项目及要求应符合现行国家标准《电气装置安装工程 电气设备交接试验标准》（GB 50150）的有关规定。

6.14.5 绝缘底座与轨道梁的横向、纵向间距应符合设计要求，接触轨工作面与受流器接触面应保持平行。

6.14.6 绝缘底座与轨道梁密贴，底座安装后呈水平，一组安装完后穿销子止动。

6.14.7 接触轨中间接头规格、型号应符合设计要求，紧固件齐全，安装稳固可靠。

6.14.8 接触轨及中间接头所有配合表面应接触良好，接触轨及中间接头配合连接表面处应分别涂抹导电油脂。

6.14.9 中间接头中心与接触轨接缝应符合设计要求或产品质量要求。

6.14.10 接触轨表面，钢带面高差不应超过 0.2mm。

6.14.11 中心锚结质量验收应符合下列要求：
1 中心锚结规格、型号、安装位置应符合设计要求，紧固件齐全，安装稳固可靠。
2 接触轨的中心锚结应安装到设计指定绝缘支撑底座，安装中心锚结前膨胀接头应按安装温度曲线调整到位，中心锚结的位置允许偏差应符合设计要求。

3 中心锚结与接触轨固定牢固，螺栓紧固力矩应符合设计要求。

6.14.12 接触轨及电缆连接板所有配合表面应接触良好，并应在配合连接表面处分别涂抹导电油脂。

6.14.13 电缆连接线的端子安装应采用专用的电动液压工具压接，输出压力应符合设计要求，且模具型号与电缆型号一致。

6.14.14 电缆连接板安装用力矩扳手应按要求交替紧固，紧固力矩应符合设计要求。

6.14.15 铜、铝不同材质之间连接时，应按设计要求采取铜铝过渡措施，不应直接连接。接头处多余的导电油脂应擦干净。

6.14.16 膨胀接头规格、型号应符合设计要求，要求各组件、装配无误，各组件无损坏。

6.14.17 膨胀接头间隙调整应符合设计提供的安装曲线及温度间隙表。

6.14.18 接触轨、膨胀接头、中间接头所有配合表面应接触良好，并在连接表面分别涂抹导电油脂。

6.14.19 膨胀接头、接触轨、中间接头之间的连接，用力矩扳手按要求交替紧固，紧固力矩应符合设计要求。

6.14.20 接触轨和膨胀接头钢带面应高度一致，接口对齐。

6.14.21 膨胀接头安装位置应符合设计要求。

6.14.22 接触轨、端部弯头所有配合表面应接触良好，并应在接触轨端部、膨胀接头端部与中间接头连接表面分别涂抹导电油脂。

6.14.23 端部弯头应用中间接头与相邻接触轨相连。端部弯头的断口与接触轨之间应粘贴紧密，高低差不应超过0.2mm。

6.14.24 端部弯头选用的型号规格应符合设计要求。

6.14.25 相邻两段接触轨安装后,钢铝接触轨面高差不应超过0.2mm。

6.14.26 接触轨轨底与绝缘子支持装置应尺寸匹配、连接良好,并应符合设计要求。

6.14.27 接触轨断口位置设置应符合设计要求。

6.14.28 接触轨表面不应有裂纹、毛刺、腐蚀斑点和硝盐痕迹。

6.14.29 接触轨静态检测应包括对接触轨安装位置的检测,接触轨的平顺性应符合设计的要求。

6.14.30 锚段关节、道岔、中心锚结线夹等部件安装处不应有明显的凹凸点。

6.15 电缆施工质量验收

6.15.1 电缆线路工程验收应包括槽道内电缆敷设,直埋电缆敷设,支架、桥架上电缆敷设,管道内电缆敷设,悬挂式电缆敷设,电缆附件制作及安装,电缆井。

6.15.2 电缆线路工程施工质量验收应符合现行国家标准《电气装置安装工程 电缆线路施工及验收标准》(GB 50168)和《地下铁道工程施工标准》(GB/T 51310)的有关规定。

6.15.3 电缆的进场验收除应符合本标准第3.4.1条的规定外,尚应符合下列要求:
1 电缆外表不应有绞拧、铠装压扁、护层断裂和表面严重划伤等缺陷。
2 电缆的绝缘试验应合格。

6.16 动力与照明施工质量验收

6.16.1 动力与照明工程施工质量验收应符合现行国家标准《建筑电气工程施工质量验收规范》(GB 50303)和《地下铁道工程施工质量验收标准》(GB/T 50299)的有关规定。

6.16.2 钢管与设备不能直接连接时,在室内干燥场所可在钢管端部加装保护软管引入设备内,管口应包扎紧密。在室外或潮湿场所,钢管端部装设防水弯头,由防水弯头引出的导线应加套保护软管,并弯成防水弯后再引入设备的接线盒或动力箱内。

6.16.3 安装熔断器及配装熔体的容量、规格、型号应符合设计要求，后备保护、限流、自复、半导体器件保护等应有专用功能的熔断器，不应代用替换。

6.16.4 室内外配管配线所用的材料应进行进场验收，除应符合本标准第3.4.1条的规定外，尚应符合下列要求：
1 钢管不应有折扁和裂缝，管内不应有铁屑及毛刺，切断口应平整，管口应光滑。
2 塑料管应阻燃，管口应平整、光滑。

6.16.5 照明器材进场验收除应符合本标准第3.4.1条的规定外，尚应符合下列要求：
1 灯具外壳、开关手柄绝缘完好。
2 灯柱的金属构件应有防腐措施。

6.16.6 管路和附件的安装方式、路径应符合设计要求。

6.16.7 导线的布置方式、路径应符合设计要求。

6.16.8 导线连接和导线与端子连接，采用套管焊接时，焊缝焊料应饱满，表面光滑无凹陷，无漏焊、裂缝等缺陷。采用套管压接时，连接管、压接帽、压模等应与导线线芯相匹配。

6.16.9 配线的分支线连接处，不应使干线受支线的横向拉力。

6.16.10 室内外绝缘导线敷设的最小线间距离、室内外绝缘导线至地面间的最小距离、室外绝缘导线至建筑物的最小距离应符合设计要求。

6.16.11 低压馈电线路绝缘性能应符合现行国家标准《电气装置安装工程 电气设备交接试验标准》（GB 50150）的有关规定。

6.16.12 电线保护管路的安装在直线和弯曲处均不应有折皱、凹穴和裂缝，弯扁程度不应大于管外径的10%。金属管连接处应焊接或用专用接地线卡固定的跨接接地线。

6.16.13 保护管内绝缘导线总面积不应大于管内截面的40%。不同回路、不同电压、交流与直流的导线不应穿于同一根管内。同一交流回路的导线应穿于同一管内。导线及中性线应有区分标志。

6.16.14 配线用线槽固定点应符合设计要求，连接应连续无间断，槽盖齐全，其水平和垂直允许偏差不应大于其宽度的 20%。金属线槽防腐良好，并应可靠接地或接零。

6.16.15 绝缘导线沿室内墙体、顶棚敷设时，其支持点间的最大距离应符合设计文件规定。室外墙面上直接固定点间距不应大于 2m。

6.16.16 配电箱施工质量应符合下列规定：
1 配电箱及所安装设备进场验收应符合本标准第 3.4.1 条的规定。
2 配电箱安装位置、安装方式应符合设计要求，箱体接地可靠。
3 配电箱内元器件应完整无损，接线正确。
4 配电箱的电气性能检验项目及要求应符合现行国家标准《电气装置安装工程电气设备交接试验标准》（GB 50150）的有关规定。
5 配电箱上应标明回路编号、回路名称和额定电流，有备用电源时应有标志。
6 配电箱固定牢固，螺栓连接可靠，柜与墙、柜底与地面的距离应符合产品技术文件要求。

6.16.17 导线连接不应有松动，保护、控制、测量、信号等回路正常。

6.16.18 封闭式母线施工质量应符合下列规定：
1 封闭式母线的绝缘性能应符合现行国家标准《电气装置安装工程 电气设备交接试验标准》（GB 50150）的有关规定。
2 封闭、插接式母线组装和固定位置应正确，外壳与底座间、外壳各连接部位和母线的连接螺栓应按产品技术文件要求连接紧固。
3 母线的支架与预埋铁件采用焊接固定时，焊缝应饱满。采用膨胀螺栓固定时，选用的螺栓应适配，连接应牢固。
4 母线与母线、母线与电器接线端子搭接，搭接面的处理应符合设计要求。

6.16.19 电气照明装置的接线应牢固，电气接触应良好。需接地或接零的灯具、开关、插座等非带电金属部分，应有明显标志的专用接地螺栓。

6.16.20 在危险性较大及特殊危险场所，当灯具距地面高度小于 2.4m 时，应使用额定电压为 36V 及以下的照明灯具，并采取保护措施。

6.17 电力监控系统施工质量验收

6.17.1 电力监控系统各类电气设备的安装位置、数量和方式应符合设计要求。

6.17.2 设备安装质量应符合下列要求：

1 屏柜与底座、柜与柜应连接牢固。
2 同排屏柜的正面应在同一直线上。
3 屏柜应竖直，相邻屏柜应紧密靠拢。
4 采用线槽或线把布线的二次回路接线应连接可靠，排列整齐。
5 屏柜、电缆回路编号标识清晰，字迹正确。
6 插接件应接触紧密且防松动措施可靠。

6.17.3 设备机柜应接地，控制器和计算机设备工作接地宜根据产品或系统的要求采用一点接地。

6.17.4 设备的防静电措施、数据传输电缆屏蔽措施应符合设计要求。

6.17.5 系统布线用支架、线槽、保护管、接线盒安装应牢固可靠，排列整齐。

6.17.6 配线不应有缺损、断线，标记应完善。设备内外接线固定松紧应适度，无裸露导电部分。

6.18 防雷、接地施工质量验收

6.18.1 单芯电缆金属护套经电缆护层保护器接地时，其接线方式应符合设计要求。

6.18.2 避雷器的施工质量应符合下列规定：
1 避雷器的安装位置、安全净距应符合设计要求。
2 避雷器的接地方式应符合设计要求，避雷器的工作接地与保护接地应与主接地装置可靠连接。
3 避雷器的安装应垂直、牢固、可靠，避雷器各节间连接应接触紧密、密封，均压环安装应水平、牢固，并列安装的避雷器三相中心应在同一条直线上。
4 避雷器的电气性能检验项目及要求应符合现行国家标准《电气装置安装工程电气设备交接试验标准》（GB 50150）的有关规定。

6.18.3 母线引下线与避雷器的连接应牢固、可靠，对设备无外加应力。

6.18.4 建筑物上的防雷设施应采用多根引下线，各引下线距地面 1.5～1.8m 处应设有断接卡。断接卡应标识，并设保护措施。

6.18.5 接地网施工质量应符合下列规定：
1 接地网系统供试验等临时接地用的接地端子的数量和位置应符合设计要求。

  2　接地网铜接地装置的各类热熔接头模具应与垂直及水平接地体相互匹配。
  3　接地网接地装置水平及垂直接地体敷设的位置和埋设深度应符合设计要求。
  4　接地网的接地电阻值应符合设计要求。
  5　人工接地装置或利用建筑物基础钢筋的接地网应在地面以上按设计要求位置设置测试点。
  6　变电所的栅栏门及金属门铰链处的接地连接应采用编织铜线。

6.18.6 电气装置的接地应以单独的接地线直接与接地干线相连。

6.18.7 电气设备与接地网之间应有可靠的电气连接。

6.18.8 等电位连接范围、方式、连接导线的规格应符合设计要求。

6.18.9 等电位连接的线路最小允许截面应符合设计要求。

7 通信

7.1 一般规定

7.1.1 通信系统应为悬挂式单轨交通机电系统的运输生产和运营管理提供稳定、可靠、畅通的语音、数据和图像通信业务。

7.1.2 通信系统应遵循资源共享的原则。

7.1.3 通信系统的总体方案及系统容量，应在近期建设规模和远期发展规划相结合的基础上进行综合研究确定。

7.1.4 通信系统宜由传输系统、无线通信系统、电话系统、视频监视系统、广播系统、时钟系统、办公自动化系统、乘客信息系统、电源及接地系统等子系统组成。

7.1.5 通信系统在灾害、事故或突发事件的情况下应符合应急处理、抢险救灾的需要。

7.1.6 通信系统设备应符合电磁兼容性的要求，并应具有抗电气干扰性能。

7.1.7 通信系统设备和模块应具有自检功能，并采取适当的冗余，故障时可自动切换并报警，控制中心可检测和采集车站设备运行及检测的结果。

7.1.8 通信系统与其他系统的接口设计，应明确接口内容、类型、数量、特性、安装位置和工程界面。

7.1.9 通信系统选用的电气装置及电子设备应符合有关过电压、过电流指标及端口抗扰度试验标准的规定。

7.1.10 在悬挂式单轨交通沿线、市区范围内及交通繁忙地段进行光缆与电缆线路施工时，应事先与相关部门联系，取得同意并签订安全协议后方可施工。

7.1.11 通信系统施工质量验收单位工程、分部工程、分项工程、检验批划分宜符合本标准附录 A 中表 A.0.4 的要求。

7.2 通信线路设计

7.2.1 通信光缆与电缆的类型、数量、容量、敷设方式应符合业务需求和网络可靠性要求。

7.2.2 地下线路通信光缆与电缆应采用低烟、无卤、阻燃型材料。地上线路区间的通信光缆、电缆还应具有防雨淋、抗阳光辐射的能力，站内配线电缆应采用带有屏蔽层的塑料护套电缆，光缆与电缆应具有抗电气化干扰的防护层。

7.2.3 通信光缆与电缆应与强电电缆分开敷设。

7.2.4 通信光缆可不设屏蔽地线，但接头两侧的金属护套及金属加强件应相互绝缘，光缆引入室内应做绝缘接头。

7.2.5 通信光缆与电缆进入终端设备之前，应设配线架及保安设备。

7.2.6 通信光缆与电缆容量除符合各专业对光纤的需求外，宜预留适当的裕量。

7.2.7 干线光缆的光纤应采用单模光纤。

7.3 传输系统设计

7.3.1 传输系统应为通信各子系统和信号、自动售检票、供电等系统提供信息传输通道，并应符合各系统要求。

7.3.2 传输系统应采用光纤数字环路网络结构，具备网络管理和自愈保护倒换功能。网管基本功能符合有关技术标准的规定。传输模块应具有通道保护功能，系统保护切换时间不大于 50ms。

7.3.3 传输系统应能符合各业务部门对通信通道类型、业务接口和带宽的需求，并应预留适当裕量。

7.3.4 采用基于光同步数字传输制式的专用通信传输系统宜利用网同步设备作为外同步时钟源，并应采用主从同步方式实现系统同步。

7.4 无线通信系统设计

7.4.1 无线通信系统应提供控制中心调度员、车辆基地调度员、车站值班员等固定用户与列车司机、防灾、维修等移动用户之间的通信手段。

7.4.2 无线通信系统结合无线通信技术发展，确定无线通信系统制式，宜采用综合承载方式。

7.4.3 无线通信系统应适应悬挂式单轨交通使用环境，具有电气化防护、抗干扰、防雷击的能力和措施。

7.4.4 无线通信系统应具有选呼、组呼、全呼、紧急呼叫、呼叫优先级权限等调度通信功能，并应具有录音、存储和监测等功能。

7.4.5 无线通信系统采用有线、无线相结合的传输方式。各车站、区间根据建设需求设置基站。各基站应通过天线空间波传播和泄漏同轴电缆辐射电波构成与移动台的通信。天线空间波覆盖的时间地点概率不应小于90%，泄漏同轴电缆辐射电波的时间地点概率不应小于95%。

7.5 电话系统设计

7.5.1 电话系统可分为公务电话系统和专用电话系统。公务电话系统应能为管理、运营、维修等部门提供内部通话与外部公务通信联络。专用电话系统应能为控制中心调度员、车辆基地调度员、车站值班员等设置专用电话联络。

7.5.2 公务电话系统应能与本地公用电话网互联，实现与公网市话用户通话，包括火警119、匪警110、救护120等，还应具备长途通信、自我诊断、维护管理、计费等功能。

7.5.3 公务电话交换网与公用网本地电话局的连接方式宜采用全自动呼出、呼入中继方式，并应纳入悬挂式单轨交通公务电话号码网内统一编号。

7.5.4 公务电话系统应具备综合业务数字网络功能，并宜预留数据信息业务功能等。

7.5.5 公务电话交换机至所管辖范围内的网内用户线传输衰耗不应大于7dB。

7.5.6 专用电话系统包括调度电话、站间行车电话及车站专用直通电话。

7.5.7 调度电话应为控制中心调度员与各车站、车场值班员，以及与行车业务直接有关的人员提供调度通信，调度电话包括行车、电力、防灾、维修等。

7.5.8 中心调度台应设置在控制中心调度大厅操作台上。行车调度电话分机应设置在车辆基地调度员、车站值班员等所在处。电力调度电话分机应设置在电力值班员所在处所。防灾调度电话分机应设置在各车站、车辆基地行车值班室或综合控制室以及车辆基地和控制中心的消防控制室等地点。

7.5.9 调度电话的功能设计应符合下列规定：
1 调度电话操作台具有选呼、组呼、全呼分机和电话会议功能，任何情况下均不应发生阻塞。
2 调度电话分机可对调度电话操作台进行一般呼叫和紧急呼叫。
3 调度电话系统应具有录音功能，其性能应保证实时记录通话用户名、双方通话内容、通话时间，并具有检索和监听功能。
4 调度电话应具有召集固定成员进行电话会议和实时召集不同成员进行临时会议的功能。

7.5.10 站间行车电话宜设在各车站值班室。

7.5.11 车站专用直通电话应供行车值班员与本站内运营业务有关人员进行通话联系。

7.5.12 电话系统宜公专电话合设，并应保证调度专用功能。

7.6 视频监视系统设计

7.6.1 视频监视系统应为控制中心调度员、各车站值班员、列车司机等提供有关列车运行、防灾、救灾及乘客疏导等方面的视觉信息。视频监视系统应具有与 FAS 联动功能，并应符合公安部门对车站范围的监视要求。

7.6.2 视频监视系统应由中心控制设备、车站控制设备、图像摄取、图像显示、录像及视频信号传输等部分组成。

7.6.3 视频监视系统可按运营需求分为中心级和车站级两级监控。中心级监视应为中心调度人员提供监视和控制装置，调度人员可任意选择全线摄像机的图像。

7.6.4 视频存储时间应符合国家标准、公安安全行业标准的有关规定，对于公共区域视频录像存储时间不应少于 90d，其他普通区域不应少于 7d，重点区域不应少于 15d。

7.6.5 摄像机应在售检票大厅、乘客集散厅、进出站闸机、上下行站台、自动扶梯及电梯、出入口、换乘通道、临近车站线路区域、道岔区域、求助电话处等重要场所设置。在变电所、重要设备用房及票务室、售票处等场所宜设置。在车场车库、大跨径桥梁等区域可设置。

7.6.6 视频监视系统宜具备结构化分析、人脸采集识别、客流检测、行为事件检测等视频内容分析功能。

7.6.7 视频监视系统的摄像机、监视系统应采用符合国家广电标准的制式。室外摄像机应设全天候防护罩，并应适应最低 0.2lx 的照度。室内摄像机应适应最低 1lx 的照度或应急照度要求。

7.6.8 视频监视系统的网管系统应对设备的运行情况、故障情况以及录像内容的完整性等进行监控，并应在系统故障后实现自动恢复。

7.7 广播系统设计

7.7.1 广播系统应保证控制中心调度员和车站值班员向乘客通告列车运行以及安全、向导、防灾等服务信息，向工作人员发布作业命令和通知，发生火灾时可兼作防灾广播。

7.7.2 广播系统由控制中心级设备和车站级设备组成。控制中心广播控制台可以对全线选站、选路广播，车站广播控制台可对本站管区内选路广播；广播设备应兼有自动和人工两种播音方式。

7.7.3 广播系统宜在车站站台设置供客运服务人员对站台作定向广播的装置。

7.7.4 广播系统负荷区宜按站台、出入口、与行车直接有关的办公区域等进行划分。

7.7.5 广播系统功放设备总容量应按照所有广播负荷区额定功率总和及线路的衰耗确定。功率放大器应按 N+1 方式热备，广播功放宜采用数字技术。

7.7.6 车辆基地广播系统应能供车辆基地调度指挥人员向与行车直接有关的车场内

生产人员发布作业命令及有关安全信息等。

7.7.7 车站应具备列车进站时自动语音广播的功能，列车进站触发信息宜由信号系统推送提供。

7.7.8 广播系统的行车和防灾广播区域应统一设置。防灾广播应优先于行车广播。

7.8 时钟系统设计

7.8.1 时钟系统应为各车站提供统一的标准时间信息，为其他各系统提供统一的时间信号。

7.8.2 时钟系统采用调度中心一级组网方式。在调度中心设置一级母钟、北斗/GPS天线，在全线各车站通过传输系统提供对时信号。在调度中心设时钟网管，实现对全线时钟系统设备的统一管理。根据建设和运营情况，可在车站、车辆基地设置二级母钟。子钟设置在中心调度室、站台及其他与行车直接有关的办公室等处所。

7.8.3 一级母钟自走时精度应在10^{-7}s以上，二级母钟自走时精度应在10^{-6}s以上。

7.8.4 一级母钟、二级母钟应配置数字式及指针式多路输出接口，一级母钟应配置数据接口，向其他各系统提供定时信号。

7.8.5 子钟应设置在控制中心、车站、车辆基地等与行车、运营管理有关的区域和房间内。

7.9 办公自动化系统设计

7.9.1 悬挂式单轨交通宜根据建设和运营情况设置办公自动化系统。

7.9.2 办公自动化系统宜为运营和管理提供电子办公、信息发布、日常运作和管理、资源管理、人员交流的信息平台。

7.9.3 办公自动化软件平台建设宜根据运营单位的需求，统一规划和实施。

7.9.4 办公自动化系统宜利用传输系统作为主干传输网络，用户终端设备可通过综合布线接入网络设备。

7.9.5 办公自动化系统应设置完善的网络安全措施。

7.10 乘客信息系统设计

7.10.1 乘客信息系统应具有为乘客提供列车到达动态信息、时间信息、乘客乘车须知等信息内容的功能。

7.10.2 乘客信息系统应包括中心子系统、车站设备子系统和车载设备子系统等。

7.10.3 乘客信息系统的中心设备、传输网络、车站及终端显示设备均应符合高清视频的播放、控制和显示要求。

7.10.4 乘客信息系统建设宜根据运营单位的需求，统一规划和实施。在站台及车辆客室内设置乘客信息显示设备。

7.10.5 乘客信息系统应支持数据传送及数据显示的优先级别定义功能，对定义级别高的数据应优先处理。

7.10.6 乘客信息系统车载子系统信息的传递由车地无线通信系统承载。

7.11 防灾通信设计

7.11.1 通信系统应能在突发灾害或事故的情况下为应急处理、抢险救灾服务。

7.11.2 应设置防灾专用调度电话，并在控制中心设置调度电话总机。在车站控制室、车辆基地设分机。公务电话系统程控交换机的分机应具有能自动拨号到市话网火警119的功能。

7.11.3 控制中心应设置防灾广播控制台，车站控制室、车辆基地值班室应设置广播控制台。在设有公共广播的车站区域，消防广播的功能应由通信系统广播子系统提供。

7.12 电源及接地设计

7.12.1 通信电源设备应保证对通信设备不间断、无瞬变地供电，并具有集中监控管理功能。

7.12.2 通信电源设备应符合通信设备对电源的要求。

7.12.3 通信设备供电应采用一级负荷。

7.12.4 通信电源设备设计应包括交流供电设备和直流供电设备。交流供电设备包括交流配电设备、不间断电源系统和蓄电池组。直流供电设备包括高频开关电源设备和蓄电池组。

7.12.5 电源设备容量应符合下列要求：
1 交流与直流配电设备的容量应按远期负荷配置。
2 高频开关电源、交流不间断电源设备的容量应按近期负荷配置。
3 蓄电池组的容量应按近期负荷配置并应保证连续供电不少于2h。高频开关电源设备宜配置2组蓄电池，不间断电源系统设备宜配置1组蓄电池。

7.12.6 通信设备的接地措施设计，应做到确保人身、通信设备安全，不应降低被防护设备的电气性能，不应影响被防护设备正常运行。

7.12.7 通信设备宜采用综合接地方式，通信设备房屋所属建筑物的接地体接地电阻值不应大于1Ω。通信设备独立设置接地装置时，接地电阻值不应大于4Ω，困难时不应大于10Ω。

条文说明

按照现行行业标准《铁路通信设计规范》（TB 10006）第20.3.9条条文说明的解释：一般来说，接地电阻越小，雷电流泄放越快，但是接地装置的造价就越高。应科学看待接地电阻值。统计数据表明，并不是接地电阻越小，遭雷害的概率也越小，雷害同接地电阻并不是必然对应的关系。目前通信设备遭受雷击损坏的主要原因是机房等电位连接不好和没有适当的雷电过电压保护措施。

7.13 设备安装及管线敷设

Ⅰ 设备安装

7.13.1 设备安装包括通信设备房屋内的各种通信系统设备安装、配线及管槽安装等。

7.13.2 室内设备安装前，应确认房屋建筑及其装饰工程已完成并应符合设备安装要求和有关技术标准的规定。

7.13.3 室内设备安装前应根据设计文件核对预埋管线、支持件、预留孔洞、沟槽、基础等，确保其符合设备安装和配线要求。当开凿墙壁、地面时，应征得相关单位同意。

7.13.4 设备、光缆与电缆及材料、附件等进场验收除应符合本标准第 3.4.1 条的规定外，尚应符合下列规定：

1 光缆与电缆不应有压扁、护套损伤、表面严重划伤等缺陷。

2 预埋金属管或塑料管、过线盒、接线盒及桥架等表面涂覆或镀层应均匀、完整、光滑，不应有伤痕，管孔不应有变形、损坏。

7.13.5 机柜及机架安装应符合下列规定：

1 机柜及机架安装位置、方式和数量应符合设计要求，机柜及机架有抗震设计要求时，机柜及机架的抗震加固措施应符合设计要求。

2 机柜及机架底座安装平稳、牢固，机房内铺设防静电地板时，机柜底部应与静电地板等高。

3 机柜及机架安装位置、机面朝向、间距及总体布局应符合设计要求。机柜及机架与底座间应敷设绝缘板，并与机柜连接牢固。机柜及机架安装应横平竖直、端正稳固且与地面垂直，在主通道侧的机柜及机架纵向侧面应在同一条直线上，横向同排机柜及机架的正立面应在同一平面上。

7.13.6 前端和终端设备安装应符合下列规定：

1 室外视频支架及底座安装方式和位置应符合设计要求及设备技术说明书要求。

2 摄像机、扬声器、时钟、乘客信息显示屏、站台监视器等前端设备的安装位置及方式应符合设计要求。

3 时钟、摄像机、乘客信息显示屏、站台监视器等设备不应有明显遮挡且不受外来光直射。

4 站台监视器应安装于列车停靠位置正对司机车门站台墙壁上，安装高度以司机观察角度最佳为宜。

5 标准时钟信号接收单元安装时，接收天线周围不应有遮挡物。

Ⅱ 管槽安装

7.13.7 管槽安装内容应包括保护管、吊架、走线架、线槽、爬架等。

7.13.8 保护管预埋和安装应符合下列规定：

1 预埋保护管连接盒位置应正确，且应牢固、可靠。

2 保护管埋入墙或混凝土内时，埋深不应小于 15mm。

3 保护管埋入墙或混凝土内时应采用整根材料，如需连接时，应在连接处做防水处理，管外不应涂漆。

4 保护管煨管弯成角度不应小于90°，弯曲半径不应小于管外径的6倍，弯扁度不应大于该管外径的1/10，弯曲处不应有凹陷、裂缝现象，单根保护管的直角弯不应超过两个。

5 镀锌金属保护管跨接应符合设计要求。

6 预埋保护管伸入箱盒内的长度宜为5mm，并应拧紧、锁紧螺母，多根管伸入时多根管应排列整齐。

7 埋设的保护管引出表面时，管口伸出表面不应小于200mm。当从地下引入落地式仪表盘及仪表箱时，伸出仪表盘仪表箱内底面不应小于50mm。

8 保护管连接后应保证整个系统的电气连续性，并应可靠接地。

9 保护管管口应采用防火材料做密封处理。

7.13.9 线槽的吊架安装应符合下列规定：

1 吊架安装的间距及固定方式应符合设计要求。

2 吊架安装应整齐、牢固，横平竖直，各支架的横档应在同一水平面上。

7.13.10 光缆与电缆走线架安装应符合下列规定：

1 走线架安装位置应符合设计要求，允许偏差为±50mm。垂直走线架的位置与楼板孔相适应，穿墙走线架的位置与墙孔相适应。

2 走线架支铁应垂直且不晃动，边铁、横铁应平直且相互垂直。

3 调节水平走线架，水平度允许偏差不大于2‰；调节垂直走线架，垂直允许偏差为±3mm。

4 走线架的支架安装应牢固可靠，水平方向间隔宜为1.5~3m。

5 走线架金属部分应相互连通，并应可靠接地。

7.13.11 光缆与电缆线槽安装应符合下列规定：

1 线槽支架及线槽的型号、规格应符合设计要求或线缆布放要求。

2 线槽安装位置应符合设计要求，其允许偏差为±50mm。

3 线槽与机柜连接处应垂直，线槽边帮与底面应拼接成一条直线，高度一致，排列整齐，允许偏差为±3mm。

4 线槽连接应固定牢固。槽与槽之间、槽与盖之间、盖与盖之间的连接处应对合严密，盖板开启方便。

5 从线槽边帮引出电缆时，开口处应采取措施保护电缆。

6 槽与槽之间、槽与架之间应具有良好的电气连接，并可靠接地。

7.13.12 光缆与电缆爬架安装应符合下列规定：

1 爬架安装位置和固定方式应符合设计要求。

2 爬架安装所用的支撑物应牢固可靠，间隔距离应均匀。

Ⅲ 设 备 配 线

7.13.13 线缆布放应符合下列规定：
1 线缆弯曲应圆滑，弯曲半径应符合设计和有关技术规范要求。
2 缆线布放前应核对型号规格、程式、路由及位置等，并应符合设计要求。
3 缆线布放应平直，不应产生扭绞、打圈等现象，不应受到外力的挤压和损伤。
4 缆线在布放前两端应贴有标签，标签书写应清晰、端正和正确。
5 电源线、信号电缆、对绞电缆、光缆及建筑物内其他弱电系统的缆线应分离布放。各缆线间的最小净距应符合设计要求。
6 缆线布放时应有冗余。在交接间、设备间对绞电缆预留长度宜为3～6m，工作区对绞电缆预留长度宜为0.3～0.6m。光缆在设备端预留长度宜为5～10m。

7.13.14 设备配线应符合下列规定：
1 管槽内引出线缆时，应采取线缆保护措施。
2 设备配线采用焊接时，焊接后芯线绝缘层不应有烫伤、开裂及收缩现象。
3 设备配线采用卡接时，在卡接端子外不应有露铜，且卡接牢固。

7.13.15 机柜及机架配线设备屏蔽层、金属保护管、电缆桥架、保护线槽使用的接地体应符合设计要求，并应具有良好的电气连接。

7.13.16 缆线终接应符合下列规定：
1 对绞电缆芯线终接时，应保持线缆原有的扭绞状态。
2 光缆芯线终接应采用收容盘连接、保护。在收容盘中光纤的弯曲半径宜大于40mm。光纤连接损耗值应符合表7.13.16的规定。

表7.13.16 光纤连接损耗值

连接类型	多模		单模	
	平均值	最大值	平均值	最大值
接头损耗（dB）	0.15	0.3	0.15	0.3

7.13.17 各类跳线和连接器间接触应良好，标志齐全、清晰。跳线选用类型及长度应符合设计要求。

7.13.18 通信管线系统线缆调测应符合下列规定：
1 通信管线系统对绞线终接8位模块式通用插座的接线图，线位应正确，不应出现反向线对、交叉线对或串对。
2 布线链路和信道缆线长度，应在系统要求的极限长度范围内。

3 5e类/D级、6类/E级铜缆布线系统信道指标性能、永久链路性能应符合产品技术要求。

7.14 通信线路工程施工

7.14.1 通信线路施工内容应包括路径复测、光缆与电缆单盘检验及配盘、光缆与电缆敷设、光缆接续及引入、电缆接续及引入、光缆检测、电缆检测、光纤监测系统安装与调试等。

7.14.2 光缆与电缆线路施工流程如图7.14.2所示。

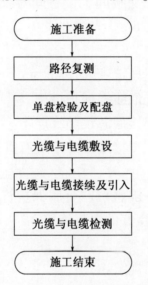

图7.14.2 光缆与电缆线路施工流程图

7.14.3 按施工设计图对光缆与电缆路径复测应包括下列内容：
1 实地测量光缆与电缆敷设长度。
2 沿线电缆槽道贯通情况。
3 沿线终端设备安装位置。
4 穿越各种建筑物的方式和防护措施。
5 光缆与电缆路径复测完毕后，应形成复测报告、绘制路径复测台账。

7.14.4 光缆与电缆配盘应符合下列规定：
1 同一个光中继段内宜使用相同生产厂商、相同型号和批次的光缆。
2 根据设备房屋的位置里程和路径长度，宜选择合适的光缆盘长，光缆分歧接头应落在设备房屋附近。
3 光缆配盘宜按出厂盘号顺序排列。按非出厂盘号顺序排列时，相邻两盘光缆的光纤模场直径之差应小于$1\mu m$。

4 根据光缆盘长和路由情况配盘，应减少光缆接头数量，短段光缆长度不宜小于200m。

7.14.5 光缆与电缆单盘检测应符合下列规定：
1 根据出厂记录对照实物检查光缆程式、光纤、金属缆芯、绝缘介质、加强芯、外护层、色谱标识及其他机械物理特性等，各项指标应符合有关技术标准的规定。
2 开盘检验光缆端面，应确定A、B端。
3 用光时域反射仪（OTDR）检测单盘光缆的长度及固有衰减等指标，各项指标应符合设计和订货合同要求，并应做检测记录。

7.14.6 电缆单盘检测应符合下列规定：
1 根据出厂记录并对照实物检查电缆程式、芯径、绝缘介质、外护层、色谱标识及其他机械物理特性等，各项指标应符合有关技术标准的规定。
2 电缆单盘检验时应开盘检验光缆与电缆端面，应确定A、B端，并做标识。
3 利用万用表对所有芯线进行对号检测，不应有断线、混线等问题，并应测量芯线环阻。
4 利用兆欧表测量单根芯线对其他芯线及金属护套的绝缘电阻，并做好检验记录。

7.14.7 光缆与电缆敷设应符合下列规定：
1 光缆与电缆运抵施工现场后，应核实光缆与电缆盘号，端别应正确无误，外观状态良好。
2 光缆与电缆应按照A、B端顺向敷设，固定在轨道梁侧面光缆与电缆敷设装置上，敷设位置应符合设计要求。
3 光缆与电缆采取直埋方式施工时，敷设路径、埋深、防护方式应符合设计文件要求。
4 光缆与电缆的冗余位置和长度应符合设计要求。
5 光缆与电缆施工过程中应做好成品及半成品保护，宜安排人员定期视巡线路。

7.14.8 光缆与电缆引入室内时应进行防火、防鼠封堵。

7.14.9 光缆接续应符合下列规定：
1 光缆接续应搭建帐篷，或在专用接续车内进行，不应露天作业。雨天、雾天不应进行光缆接续。环境温度在0℃以下时，不宜进行光缆接续。
2 光缆接续时，应用OTDR实时监测每一次接续的接续质量，监测的方法应符合有关要求。
3 光缆接头装置应以一个中继段为单位自上行往下行方向顺序编号。
4 光缆引入室内后应挂牌标识，标明光缆的型号、规格、进出方向等，标识应齐全、清晰、耐久。

5 光缆引入时，室内、室外金属护套及金属加强芯应断开，并应彼此绝缘。

条文说明

采用接头盒方式的光缆接续工艺：

（1）创建工作场所、护层开剥、光纤清洁、连接支架、加强芯预装、余留盘及板安装。

（2）接续过程包括端面制备、对准、熔接、增强。端面制备时其端面倾斜度小于0.5°。熔接合格后的光纤接续部位应立即进行热缩加强管保护，加强管收缩应均匀，不应有气泡。接续时应用 OTDR 实时监测接续损耗。

（3）光纤盘留时盒内光纤的弯曲半径不小于40mm，接续后的光纤收容余长单端引入引出不小于0.8m，两端引入引出不小于1.2m。

（4）芯线应按光纤色谱排列顺序对应接续。光纤接续后，盒内应放入接续记录卡片。光纤盘留板覆盖后，应对所有光纤接续点进行复测。

（5）光缆的金属外护套和加强芯应紧固在接头盒内。同一侧的金属外护套与金属加强芯应电气连通。两侧的金属外护套、金属加强芯应电气绝缘断开，处于悬浮状态。

（6）接头盒安装应按操作工艺进行。安装完毕，对盒体进行密封性检查。

7.14.10 电缆接续应符合下列规定：

1 电缆接续之前，应进行单条电缆检测，单条电缆内所有芯线不应有断线、混线及接地故障等，绝缘应良好。

2 搭建工作平台，护层开剥，电缆芯线清洗，钢带复位，连接接头盒支架，两侧的金属护层及屏蔽钢带应有效连通。

3 芯线接续线位应准确、焊接牢固、扭绞均匀，两侧芯线线序应一一对应，不应有交叉及鸳鸯对现象。直径在0.5mm及以下的芯线采用接线子接续。芯线接续后，盒内应放入接续记录卡片。

4 接头盒安装应按操作工艺进行。

5 安装完毕，对盒体进行密封性检查，不应有漏气或漏油等现象。

7.14.11 槽道内电缆接头盒应顺槽道方向放置平稳。同一槽道内的相邻电缆接头盒间距离不宜小于1m。人孔内电缆接头应固定在托板架上，相邻接头应错开放置。

7.14.12 电缆引入室内绝缘措施应符合下列规定：

1 低频四线组电缆在引入架上绝缘，其两侧的屏蔽钢带及金属护套应电气绝缘，外线侧的屏蔽钢带及金属护套应接地，接地电阻应符合设计要求。设备侧的屏蔽钢带及金属护套应悬浮。

2 市内通信电缆在引入架或音频配线架上应进行绝缘。

7.14.13 电缆引入成端时，应开剥整齐，编把美观，芯线卡接牢固，序号正确。电缆弯曲半径不应小于电缆外径的 10 倍。外护套及金属屏蔽层端部宜用热可缩管缩封，不应有油膏渗漏。

7.14.14 光缆接续质量检测宜采用终端光纤环接、检测点随接续点移动的双向监测法，应用 OTDR 实时监视接续点损耗。

7.14.15 光缆中继段衰减检测应符合下列规定：
1 用 OTDR 检测光缆中继段光纤线路衰耗，其实测值应小于光缆中继段光纤线路衰减计算值。
2 用 OTDR 检测一个光缆中继段，每根单模光纤接续损耗平均值 $\bar{\alpha}$ 不大于 0.08dB，每根多模光纤接续损耗平均值 $\bar{\alpha}$ 不大于 0.2dB。

7.14.16 用 OTDR 检测光缆中继段 S～R 点间最大离散反射系数和 S 点最小回波损耗，结果应符合设计要求。

7.14.17 光中继段偏振模（PMD）应用偏振模色散测试仪进行检测，结果应符合设计要求。

7.14.18 低频四线组电缆音频段电性能应符合设计和有关技术文件的要求。

7.14.19 铜芯聚烯烃绝缘铝塑综合护套市内通信电缆用户线路电性能指标应符合设计和有关技术文件的要求。

7.15 传输系统施工

7.15.1 传输系统施工内容应包括传输设备安装和配线、传输设备单机调试、传输系统调试、传输系统网管调试等。

7.15.2 传输系统施工流程如图 7.15.2 所示。

7.15.3 传输系统设备的进场验收、安装与配线应符合本标准第 7.13 节的有关规定。

7.15.4 单机和系统调试前，传输系统应符合下列条件：
1 设备安装已完成，机柜安装位置和安装方式应符合设计要求。子架安装位置及单元电路板位置正确、插入可靠。
2 设备配线已完成，检查核对无误。端子连接方式和位置应符合设计要求，相应的接插件装配正确并可靠连接。

3 引入交流与直流电源和电源设备安装已完成，并应符合设备使用要求。

4 设备已可靠接地，接地电阻应符合设计要求和有关技术标准的规定。

5 设备单机加电后运转良好、内置风扇正常启动，各单机显示状态应符合当前实际运行情况。

6 通信线路、单机设备等显示正常，网管数据应配置正确。

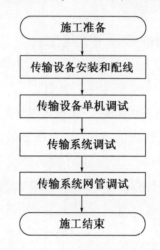

图 7.15.2 传输系统施工流程图

7.15.5 安装调试有防静电要求的设备时，应采取相应的防静电措施。

7.15.6 复核出厂质量检验报告，同步数字体系（SDH）设备光接口的指标应符合设计要求和现行国家标准《同步数字体系（SDH）光缆线路系统进网要求》（GB/T 15941）的有关规定。

7.15.7 SDH 单机光接口性能，SDH 单机电接口输出信号比特率，SDH 设备上 STM-N 接口和 PDH 支路口误码性能，SDH 单机抖动性能，SDH 单机的定时和同步调试，SDH 系统数字段误码，SDH 系统抖动性能，SDH 系统保护倒换时间调测，SDH 系统进行公务通信功能、激光器保护功能、开销和维护功能、定时源选择和切换功能、保护倒换功能试验等应符合设计要求和现行国家标准《同步数字体系（SDH）光缆线路系统进网要求》（GB/T 15941）的有关规定。

条文说明

SDH 单机光接口性能，SDH 单机电接口输出信号比特率，SDH 设备上 STM-N 接口和 PDH 支路口误码性能，SDH 单机抖动性能，SDH 单机的定时和同步，SDH 系统数字段误码，SDH 系统抖动性能，SDH 系统保护倒换时间，SDH 系统进行公务通信功能、激光器保护功能、开销和维护功能、定时源选择和切换功能、保护倒换功能等宜按现行国家标准《同步数字体系（SDH）光缆线路系统测试方法》（GB/T 16814）的有关规定进行调测。

7.15.8 按设计及有关技术要求，对多业务传送平台（MSTP）设备的 SDH 功能和性能进行调试。

7.15.9 复核出厂质量检验报告，MSTP 设备以太网业务模块的指标应符合设计要求和现行行业标准《基于 SDH 的多业务传送节点技术要求》（YD/T 1238）的有关规定。

7.15.10 MSTP 设备的时钟功能和性能，MSTP 系统以太网透传功能、业务汇聚功能，MSTP 系统以太网二层交换系统项目，MSTP 系统时钟定时功能和时钟性能等应符合设计要求和现行行业标准《基于 SDH 的多业务传送节点技术要求》（YD/T 1238）的有关规定。

条文说明

MSTP 设备的时钟功能和性能，MSTP 系统以太网透传功能、业务汇聚功能，MSTP 系统以太网二层交换系统项目，MSTP 系统时钟定时功能和时钟性能等宜按现行行业标准《基于 SDH 的多业务传送节点测试方法》（YD/T 1276）的有关规定进行调测。

7.15.11 光传送网（OTN）设备的开销及维护信号、光接口、抖动性能，OTN 设备的网络性能，OTN 设备的网管功能应符合设计要求和现行行业标准《光传送网（OTN）网络总体技术要求》（YD/T 1990）的有关规定。

条文说明

OTN 设备的开销及维护信号、光接口、抖动性能，OTN 设备的网络性能，OTN 设备的网管功能宜按现行行业标准《光传送网（OTN）测试方法》（YD/T 2148）的有关规定进行调测。

7.15.12 OTN 设备承载 OMS、OTS 层的合波分波器的性能、光放大器的性能、光监控通路的性能，OTN 设备承载 OMS、OTS 层的主光通道的性能应符合设计要求和现行行业标准《光波分复用系统（WDM）技术要求——160×10Gb/s、80×10Gb/s 部分》（YD/T 1274）的有关规定。

条文说明

OTN 设备承载 OMS、OTS 层的合波分波器的性能、光放大器的性能、光监控通路的性能调测，OTN 设备承载 OMS、OTS 层的主光通道的性能宜按现行行业标准《光波分复用（WDM）系统测试方法》（YD/T 1159）的有关规定进行调测。

7.15.13 传输设备可靠性试验应符合设计要求。

7.15.14 在单机调试完成后，根据设计方案应可靠连接各设备单元，用网管设备进行数据配置。

7.15.15 传输系统光通道的接收光功率，不应超过系统的过载光功率，并应符合有关技术指标的要求。

7.15.16 用光连续波反射仪调测系统 S 点的最小回波损耗，结果应符合有关技术指标要求。

7.15.17 对 SDH 网元管理级系统（EMS）的通用功能进行检验，结果应符合下列规定：
  1 管理网元（NE）的数量应符合设计要求。
  2 具有远端接入能力，支持多用户同时操作。
  3 系统启动、关闭、备份、数据库管理及运行情况记录等自身管理功能正常。
  4 在接入服务和退出服务、系统软硬件升级、自身发生故障、网元中任何与网管有关的机盘插拔等情况下均不影响正常的传输业务。

7.15.18 SDH 网元管理级系统（EMS）的故障管理功能、性能管理功能、配置管理功能、安全管理功能应符合设计要求和现行行业标准《SDH 光缆通信工程网管系统设计规范》（YD/T 5080）的有关规定。

7.15.19 对 SDH 系统网管的本地维护终端（LCT）功能进行检验，并应符合下列规定：
  1 LCT 的管理功能应具有 EMS 对单个 NE 的管理功能。
  2 LCT 的管理和控制应由 EMS 授权。
  3 检验 LCT 与 NE 连接时，本身的软硬件故障，不应对正常的传输业务产生影响。
  4 检验 LCT 在 NE 上的接入和退出，不应影响正常的传输业务。

7.15.20 调试系统网管接入综合网管接口功能应符合设计要求。

7.16 无线通信系统施工

7.16.1 无线通信系统施工内容应包括天线杆及天线塔安装、天线与馈线安装、无线通信系统设备安装和配线、无线通信系统功能检验、无线通信系统网管检验等。

7.16.2 无线通信系统施工流程如图7.16.2所示。

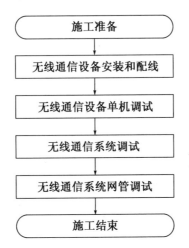

图7.16.2 无线通信系统施工流程图

7.16.3 设备的进场验收、安装与配线应符合本标准第7.13节的有关规定。

7.16.4 天线杆及天线塔进场验收除应符合本标准第7.13.4条的规定外，尚应符合下列规定：
1 铁塔构件的镀锌层应均匀光滑，不应有翘皮、锈蚀等现象。
2 混凝土天线杆杆体裂纹应符合现行国家标准的有关规定。

7.16.5 天线杆及天线塔基础深度、高程及塔靴安装位置应符合设计要求。

7.16.6 天线杆及天线塔塔靴安装应符合下列规定：
1 塔靴安装位置应正确，各塔靴的中心间距允许偏差为±3mm。
2 各塔靴的高度允许偏差为0~3mm。
3 塔靴紧固螺栓应具有防腐措施。

7.16.7 天线杆及天线塔的高度、垂直度应符合设计要求。

7.16.8 铁塔安装应符合下列规定：
1 铁塔塔靴与基础预埋螺栓连接应牢固，紧固度应符合设计要求。铁塔全部连接螺栓应进行防松处理。
2 自立式铁塔塔身各横截面应成相似多边形，同一横截面上对角线或边的长度允许偏差为0~5mm。
3 所有焊接部位应牢固，不应有虚焊、漏焊等缺陷。

4　铁塔塔身与基础连接螺栓应采取防盗措施。

7.16.9　天线加挂支柱高度及方位、平台位置及尺寸、爬梯的设置方式应符合设计要求，安装应牢固可靠。

7.16.10　屋顶天线杆安装应符合下列规定：
1　天线杆强度和安装方式应符合承重抗风要求以及设计要求。
2　天线杆底座应与建筑物避雷网用避雷引下线连通。
3　天线杆如不在建筑物防雷系统保护范围内，应安装避雷针，天线应在避雷针保护区域 $LPZ0_B$ 范围内。
4　屋顶天线底座及其与屋顶面连接的膨胀螺栓应采用混凝土覆盖保护。

7.16.11　铁塔构件的热镀锌层应均匀光滑，不应有漏锌、返锈等现象。

7.16.12　天线与馈线及附件材料进场验收除应符合本标准第 7.13.4 条的规定外，尚应符合下列规定：
1　天线的外观不应有凹凸、破损、断裂等现象，驻波比应符合设计要求。
2　馈线包装不应有破损，外表不应压扁、损坏。

7.16.13　天线安装应符合下列规定：
1　天线安装位置、方式和安装高度、间距应符合设计要求，安装应牢固可靠。
2　天线馈电点应朝下，护套顶端应与支架主杆顶部平齐。
3　天线接地应符合设计要求，无线立柱应设置避雷器。

7.16.14　馈线安装应符合下列规定：
1　馈线导入室内方式应符合设计要求。
2　馈线引入机房前，在墙洞入口处应制作滴水湾。馈线引入室内应采取防火封堵措施。
3　馈线布放应路由合理、路径最短、拐弯最少。
4　馈线固定方式应符合设计要求，弯曲半径应符合所用馈线的产品要求。
5　馈线中间不应有接头。

7.16.15　天线与跳线接头处应制作滴水弯，并应进行防水密封处理。

7.16.16　天线与馈线避雷地线接地体与连接线等焊接处应进行防腐处理。

7.16.17　高架及地面区间直放站的地线设置及接地电阻应符合设计要求。

7.16.18 直放站的安装方式及防护等级应符合设计要求。

7.16.19 漏缆吊挂支柱安装应符合下列规定：
1 位置、高度及埋深应符合设计要求。
2 防雷接地应符合设计要求。
3 基础的浇筑方式和强度应符合设计要求。
4 漏缆吊挂支柱不应侵入设备界限。

7.16.20 漏缆夹具的安装应符合下列规定：
1 漏缆夹具的安装位置、间隔、强度及距钢轨面的高度应符合设计要求。
2 当漏缆夹具固定在支架上时，支架的安装位置、安装强度及距钢轨面的高度应符合设计要求。
3 漏缆防火夹具的设置应符合设计要求。

7.16.21 漏缆敷设应符合下列规定：
1 漏缆应固定牢靠，安装件的固定间隔应符合设计要求。
2 隧道内漏缆架挂位置、漏缆的开口方向应符合设计要求。
3 漏缆不应急剧弯曲，弯曲半径应符合该型号漏缆产品的工程应用指标要求。
4 漏缆敷设不应侵入设备界限。

7.16.22 基站设备射频输出功率、发射频偏、调制矢量允许偏差、接收灵敏度指标应符合设计要求。

7.16.23 手持台和车载台的射频输出功率、发射频偏指标应符合设计要求。

7.16.24 单呼和组呼的接通率、掉话率、语音质量、平均呼叫建立时延、切换失败率等通话质量模拟测试指标应符合设计要求。

7.16.25 无线交换控制设备移动用户的数量管理、调度电话数量管理、基站数量管理和冗余备份功能应符合设计要求。

7.16.26 基站设备的冗余备份功能应符合设计要求。

7.16.27 车载台设备语音呼叫、数据传输和二次开发功能应符合设计要求。

7.16.28 调度电话设备的显示功能、语音呼叫、数据传输、转接强拆强插功能和冗余备份功能应符合设计要求。

7.16.29 无线通信系统网管的故障管理、性能管理、配置管理、用户管理和安全管理功能应符合设计要求。

7.16.30 二次开发网管功能应符合设计要求。

7.17 电话系统施工

7.17.1 电话系统施工内容应包括电话设备安装和配线、电话系统单机调试、电话系统联网调试、电话系统网管调试等。

7.17.2 电话系统施工流程如图 7.17.2 所示。

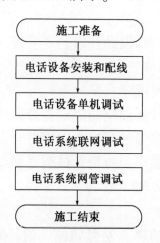

图 7.17.2 电话系统施工流程图

7.17.3 设备的进场验收、安装、配线、线缆布放应符合本标准第 7.13 节的有关规定。

7.17.4 控制台、终端设备、测量台安装应符合下列规定：
1 安装位置和安装方式应符合设计要求。
2 安装整齐、牢固端正，标志齐全，台面应在同一水平面上。
3 显示屏、键盘及其他配套设备安装应齐全。
4 地线设置应符合设计要求，地线应可靠连接。

7.17.5 交换机设备通电后，应检查确认以下内容：
1 所有变换器的输出电压应符合产品技术文件要求。
2 各种外围终端自检应正常。
3 各种告警装置工作应正常。
4 时钟装置工作正常，精度应符合设计要求。

5 装入测试程序，通过人机命令或自检程序，对设备进行检查，硬件系统工作应正常。

7.17.6 交换机系统复原控制方式及呼叫接续功能检验应符合设计要求。

7.17.7 系统的维护管理功能应符合下列规定：
1 冗余设备的人工或自动倒换、系统再构成功能良好。
2 输入、输出设备性能测试结果良好，接口编码格式应符合要求。
3 系统与操作维护中心配合维护功能良好。
4 网管功能良好。

7.17.8 与公用网市话局间的信号接口方式测试结果应符合设计要求。

7.17.9 铃流和信号音的测试结果应符合现行国家标准的有关规定。

7.17.10 系统的时钟同步功能应符合设计要求。

7.17.11 市话和长途计费差错率不应大于 10^{-5}。

7.17.12 出厂质量检验报告和交换机忙时呼叫尝试次数满负荷检测结果应符合设计要求。

7.17.13 电话系统网管的人机命令功能、响应时间应符合设计要求和有关技术标准的规定。

7.17.14 电话系统网管的告警管理功能应符合设计要求。

7.17.15 电话系统的话务统计及话务观察功能、例行维护功能、数据管理功能、障碍检测功能等应符合设计要求和有关技术标准的规定。

7.17.16 调试系统网管接入综合网管的接口功能应符合设计要求。

7.18 视频监视系统施工

7.18.1 视频监视系统施工内容应包括视频监视设备安装和配线、视频监视设备单机调试、视频监视系统调试、视频监视系统管理功能调试等。

7.18.2 视频监视系统施工流程如图 7.18.2 所示。

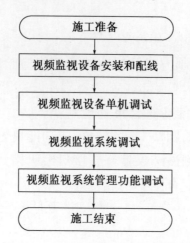

图 7.18.2 视频监视系统施工流程图

7.18.3 设备的进场验收、安装、配线应符合本标准第 7.13 节的有关规定。

7.18.4 视频监视系统的采集设备、用户终端的设置地点和安装方式应符合设计要求。

7.18.5 监视中心设备安装应符合下列规定：
1 控制台、监视器位置应符合设计要求。
2 控制台安放应整齐，台面水平、整洁不应有划痕。控制台附件应完整，螺栓应紧固，不应有损伤。台内接插件和设备接触可靠，内部接线应符合设计要求，不应有扭曲。
3 当监视器装在柜内时，采取通风散热措施。使监视器屏幕不受外来光直射，当有不可避免的光时，应加遮光罩遮挡。监视器的外部可调节部分，暴露在便于操作的位置，可加保护盖。

7.18.6 视频监视系统设备的单机调试结果应符合设计要求和有关技术标准的规定。

7.18.7 视频监视系统的音视频失步时间不应大于 300ms。

7.18.8 视频监视系统的时延应符合设计要求。

7.18.9 视频监视系统与通信电源、供电、旅客服务、自然灾害等系统进行联动的时延应符合设计要求。

7.18.10 视频监视系统与其他相关系统互联或联动告警功能应符合设计要求。

7.18.11 图像质量、视频回放的调试结果应符合设计要求。

7.18.12 视频内容分析质量检测结果应符合设计要求。

7.18.13 视频处理功能、视频存储功能、视频控制功能、视频分发/转发功能、视频显示功能等试验结果应符合设计文件要求。

7.18.14 系统断网保护功能试验结果应符合设计要求。

7.18.15 视频监视系统与既有视频系统之间的互联互通功能及性能应符合设计要求。

7.18.16 系统时间同步功能试验结果应符合设计要求。

7.18.17 视频监视系统的业务管理功能、设备管理功能检验结果应符合设计要求。

7.19 广播系统施工

7.19.1 广播系统施工内容应包括广播控制设备、功率放大器、语音合成器、音频前级处理设备、噪声传感装置、操作终端、扬声器及控制中心楼宇广播设备等。

7.19.2 广播设备安装及配线应符合本标准第7.13节的有关规定。

7.19.3 设备机柜内的电源应分路供电，机架及机柜顶部的风扇和各功率放大器应设置独立电源开关。

7.19.4 安装扬声器不应超出设备限界，不应影响与行车有关的信号和标志。

7.19.5 当扩音馈线为地下电缆时，所用电缆盒和线间变压器盒的端子绝缘电阻，应符合产品技术条件规定。

7.19.6 露天扬声器馈线引入室内时，应具备防雷接地装置，并装设真空保安器。

7.20 时钟系统施工

7.20.1 时钟系统的施工内容应包括时钟同步设备安装和配线、时钟同步系统调试、时钟同步系统网管调试等。

7.20.2 时钟系统施工流程如图 7.20.2 所示。

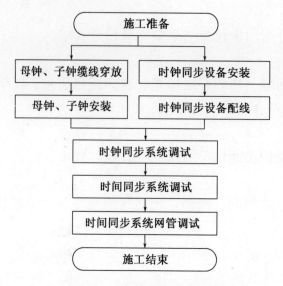

图 7.20.2 时钟系统施工流程图

7.20.3 设备的进场验收、安装、配线、线缆布放应符合本标准第 7.13 节的有关规定。

7.20.4 卫星天线的支撑架和馈线施工应符合下列规定：
1 天线的安装位置和方式应符合设计文件要求。
2 天线的外观不应有凹凸、破损、断裂等现象，并应做好相应的检查记录与处理。
3 天线的驻波比检测结果应符合有关技术标准的规定。
4 天线固定方式应符合天线强度要求。
5 室外安装天线支撑架时，连接地线宜就近焊接于防雷接地装置。
6 室外天线与馈线入室之前，宜在接近进楼处安装防雷器，防雷器应可靠接地。

7.20.5 室内子钟的安装位置和方式符合设计要求。子钟应远离防火自动喷淋系统的喷头，安装应平直、牢固。

7.20.6 当系统采用不同类型的时间同步信号时，各类接口之间布线的长度应小于系统传输距离的要求。

7.20.7 对卫星接收设备的性能进行调测，结果应符合设计要求。

7.20.8 母钟设备的单机功能试验结果应符合下列规定：
1 所有部件工作状态指示应正常，卫星接收机、时钟卡处于跟踪状态。
2 电源板、时钟板的冗余备份功能应正常。当部件故障时，能自动倒换到备份部件，系统工作应正常。

3 设备面板、机柜及列柜上有正确的告警指示及音响信号，且通信口上应送出相应告警信息。

4 能接收人、机命令，并能送出正确的响应信息。能正确送出设备的告警事件信息。

5 时间同步设备的准确度对比门限参数应可设置，在故障情况下可对主、备时间源输入进行自动切换。

6 外部标准时间信号中断时，母钟应提供时间信号输出，并发出告警。母钟设备故障时，不应输出时间信号。

7.20.9 对时钟显示设备进行检查和试验，结果应符合设计要求。

7.20.10 对时钟同步系统的功能进行试验，结果应符合下列规定：
1 能通过人工或自动进行多时间源输入处理。
2 能正确判断和选择可用时间源。
3 能进行时延补偿。

7.20.11 采用网络时间协议（NTP）传送时间信号时，对其功能和性能进行调试，结果应符合下列规定：
1 时间服务器能采用 NTP 客户端/服务器方式发播标准时间，NTP 协议功能应正常。
2 时间服务器 NTP 接口的处理能力、相对精度应符合设计要求和有关技术条件的规定。
3 监测 NTP 客户端的同步状态，检测客户端与时间服务器的同步周期，结果应符合系统设计的要求。

7.20.12 系统的告警管理功能、性能管理功能、配置管理功能、数据统计分析功能、安全管理功能等的试验结果应符合设计要求或有关技术标准的规定。

7.20.13 NTP 的性能管理功能试验结果应符合设计要求或有关技术标准的规定。

7.20.14 应对 NTP 网管服务器接收到的同步请求进行统计分析，分析内容应包括发送同步请求的 IP 地址、请求时间、请求次数等。

7.20.15 NTP 网管服务器的配置功能试验结果应符合设计要求或有关技术标准的规定。

7.20.16 NTP网管服务器的时间源丢失、客户端长时间未同步、客户端时间允许偏差超门限等故障告警功能试验结果应符合设计要求或有关技术标准的规定。

7.20.17 NTP网管服务器的安全设置功能试验结果应符合设计要求或有关技术标准的规定。

7.20.18 调试系统网管接入综合网管的接口功能应符合设计要求。

7.21 办公自动化系统施工

7.21.1 办公自动化系统施工内容应包括线路的控制中心、车站及车辆基地等地点的通信管线和网络设备配置等。

7.21.2 配线设备机架安装应符合下列规定：
1 采用下走线方式，架底位置应与电缆上线孔相对应。
2 各直列垂直倾斜允许偏差不应大于3mm，底座水平允许偏差每平方米不应大于2mm。
3 接线端子各种标志应齐全。

7.21.3 各类接线模块安装应符合下列规定：
1 模块设备应完整无损、安装正确、标志齐全。
2 安装螺栓应拧紧牢固，面板应保持在同一个水平面上。

7.21.4 缆线敷设应符合本标准第7.13节的有关规定。

7.22 乘客信息系统施工

7.22.1 乘客信息系统施工内容应包括乘客信息设备安装和配线、乘客信息设备单机调测、乘客信息系统调试和乘客信息系统管理功能调试等。

7.22.2 乘客信息系统施工流程如图7.22.2所示。

7.22.3 设备的进场验收、安装与配线应符合本标准第7.13节的有关规定。

7.22.4 设备安装除应符合本标准第7.13节的有关规定外，尚应符合下列规定：
1 话筒和扬声器的布置应使话筒置于各扬声器的辐射角之外。
2 摄像机的布置应使被摄对象都收入视角范围之内，并能从不同角度摄取画面，方便获得全景或局部特写镜头。

  3 监视器或大屏幕显示设备的布置应处在较好的视距和视角范围之内。

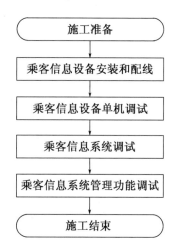

图 7.22.2 乘客信息系统施工流程图

7.22.5 单机调试应符合设计要求和现行国家标准《城市轨道交通通信工程质量验收规范》(GB 50382) 的有关规定。

7.22.6 乘客信息系统的管理功能应符合设计要求和有关技术标准的规定。

7.23 电源及接地系统施工

7.23.1 电源设备施工内容应包括电源设备安装和配线、电源设备性能调试、电源设备功能试验等。

7.23.2 电源设备施工流程如图 7.23.2 所示。

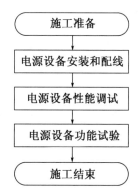

图 7.23.2 电源设备施工流程图

7.23.3 设备的进场验收、安装与配线应符合本标准第 7.13 节的有关规定。

7.23.4 蓄电池架安装应符合下列规定：

1 蓄电池架的材质、规格、尺寸、承重应符合安装蓄电池的要求。

2 蓄电池架排列位置应符合设计要求，允许偏差为 ±10mm。

3 蓄电池架排列应平整、稳固，水平允许偏差每米为 ±3mm。

4 蓄电池铁架漆面应完整、一致，铁架与地面加固处的膨胀螺栓应进行防腐处理。

5 蓄电池布放宜为2层，并不应超过3层。

6 蓄电池架安装位置宜预留维护空间。

7.23.5 蓄电池安装应符合下列规定：

1 蓄电池安装时应将蓄电池滤气帽、安全阀、气塞等拧紧。

2 蓄电池各列排放整齐，前后位置、间距适当。每列外侧应在一条直线上，其允许偏差为 ±3mm。电池单体应保持垂直和水平，底部四角均匀着力，当不平整时宜用毛毡垫实。

3 电池间隔允许偏差为 ±5mm。电池之间的连接应平整，连接螺栓、螺母应拧紧，并在连接条和螺栓、螺母上涂抹防氧化物或加装塑料盒盖，塑料盒盖不应缺失。

4 电池体安装在铁架上时，应垫缓冲胶垫。

5 各组电池应根据馈电母线走向确定正负极出线位置。

6 安装阀控式密封铅酸蓄电池时，应用电压表检查电池端电压和极性，极性应正确连接。对于端电压偏低的电池应筛选出来，并查明原因。

7 安装蓄电池所用的工具应绝缘，不应短路。

8 电池安装完毕后，在电池架、台和电池体外侧，应用防腐材料制作编号标志。

7.23.6 电源设备受电前，应符合下列规定：

1 设备布线和接线应正确，不应有碰地、短路、开路、假焊等情况。

2 机柜保护地线连接应可靠。

3 设备接触器与继电器的可动部分应动作灵活、接触表面清洁，不应有松动和卡阻现象。

4 设备开关应灵活、接触可靠，熔断器容量和规格应符合设计或产品技术指标要求。

5 对设备部件及布线的绝缘电阻、耐压强度进行检测，结果应符合技术指标要求。

6 设备内布线及设备非电子器件对地绝缘电阻应符合产品技术指标规定，无规定时，应大于 2MΩ/500V。

7.23.7 向通信设备送电前应按设备电气原理图与施工配线图检查核对，所有电源设备的开关均应处于"断"的位置，熔断器容量应符合设计要求。

7.23.8 通信系统各类设备不应强行送电。当通信设备电源报警时，应及时排除故障。

7.23.9 电源设备调试前,电源设备应安装完毕。设备接地良好,接地电阻值应符合设计要求和有关技术标准的规定。

7.23.10 高频开关电源设备调试、不间断电源系统调试、安装连接后的蓄电池组管理、阀控式密封铅酸蓄电池充电管理、阀控式密封铅酸蓄电池容量检测、馈电母线和电源线通电试验、UPS功能试验、-48V高频开关电源设备功能试验应符合现行国家标准《城市轨道交通通信工程质量验收规范》(GB 50382)的有关规定。

7.23.11 通信系统防雷及接地施工内容应包括各通信子系统或设备的防雷及接地安装和检测等。

7.23.12 防雷及接地施工流程如图7.23.12所示。

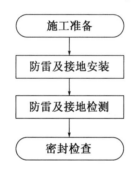

图7.23.12 防雷及接地施工流程图

7.23.13 对雷电及电磁干扰的防护措施,不应改变被防护系统的电气性能,不应影响被防护设备的正常工作。

7.23.14 通信设备的保护地线、屏蔽地线和防雷地线等的设置应符合设计要求。接地导线上不应设置开关、熔断器或断路器。

7.23.15 防雷及接地安装前,应符合下列规定:
1 防雷及接地采用的器材应符合有关技术标准的规定。
2 通信设备房屋已经采取防雷接地措施,接地电阻值应符合有关技术标准的规定。
3 有屏蔽要求的通信设备房屋,应符合有关技术标准的规定。

7.23.16 接地装置安装应符合下列规定:
1 水平接地体与建筑物外墙的间距应大于1m,埋深应大于0.7m,在寒冷地区,接地体应埋设在冻土层以下。

2 水平接地体应挖沟埋设。垂直接地体宜直接打入地沟内，其间距不宜小于其长度的 2 倍并均匀布置。铜质和石墨材料接地体宜挖坑埋设。垂直接地体坑内、水平接地体沟内宜用低电阻率土壤回填并分层夯实。

3 接地体的材料应符合设计要求。

4 避雷带引下线与水平接地体的连接点处应设垂直接地体，垂直接地体应与水平接地体可靠焊接。接地装置连接应可靠，连接处不应松动、脱焊、接触不良。

5 钢质接地体应采用焊接连接。圆钢与圆钢、圆钢与扁钢/角钢的焊接长度应大于圆钢直径的 6 倍。扁钢、角钢应三面焊接，焊接长度应大于宽边的 2 倍。焊点应平滑无毛刺，并做防腐处理，防腐层应在焊点四周延伸 20~25mm，埋入地下的焊点防腐层厚度应大于 5mm。

6 铜质接地体或铜质接地体与钢制接地体之间连接应采用放热焊接，熔接接头应将被连接的导体完全包在接头里，连接部位的金属应完全熔化，并应连接牢固，连接部位应做防腐处理。

7 接地体不能避开污水排放和土壤腐蚀性强的地点时，垂直接地体应采用石墨接地体，水平接地体应选用耐腐蚀性材料。采用热镀锌扁钢时，镀层不宜小于 60μm。

8 在接地装置拐角及尽头处的地面上应设置永久性走向标志。

7.23.17 接地引入应符合设计和有关技术标准的规定。接地引入线不应敷设在污水沟下，也不应与暖气管同沟敷设。接地引入线应采取防护措施。

7.23.18 通信机房室内接地连接应符合下列规定：
1 连接应符合设计和有关技术标准的规定。
2 等电位连接应采用星形接地结构，不应构成闭合回路。
3 传输放电电流的导线应走最直接的路径，配线不留余长。
4 采用栓接连接时应使用双螺母。
5 接地连接线在穿越墙体时应采取保护措施并与墙体绝缘。

7.23.19 防雷器件安装应符合下列规定：
1 防雷器件的安装位置和方式应符合设计和有关技术标准的规定。
2 防雷器件安装应牢固可靠，便于日常维护检测。其他设备不应借用防雷设备的端子。各种设备的防雷器件均应设置用途和去向标牌。

7.23.20 接地装置安装完毕后，应采用接地电阻测试仪测量接地电阻。测量时，接地电阻测试仪与辅助地线棒之间的测试连线应选用绝缘铜导线。雨后不宜立即测试。测试结果应符合设计和有关技术标准的规定。

7.23.21 电磁兼容检查应符合下列规定：

  1 通信设备电磁兼容性检测报告应符合设计要求。
  2 宜采取屏蔽、接地、搭接、合理布线等技术方法抑制电磁干扰传播。
  3 宜采取空间方位分离、频率划分与回避、滤波、吸收和旁路等回避和疏导的技术处理抑制电磁干扰传播。

7.24 设备安装和管线施工质量验收

Ⅰ 设 备 安 装

7.24.1 施工验收前应根据设计文件核对预埋管线，预留孔洞、基础的条件应符合设备安装和配线要求。

7.24.2 机柜及机架安装质量应符合本标准第 7.13.5 条的规定。

7.24.3 金属机柜及机架、基础型钢应保持电气连接，并应可靠接地。

7.24.4 壁挂式设备安装位置和方式应符合设计要求，并应安装牢固可靠。

7.24.5 子架或机盘安装质量应符合下列规定：
  1 子架或机盘安装位置应符合设备技术文件或设计要求。
  2 子架或机盘应整齐一致，接触应良好。

Ⅱ 设 备 配 线

7.24.6 配线电缆、光跳线的芯线不应有错线、断线、混线，中间不应有接头。

7.24.7 光缆尾纤应按标定的纤序连接设备。光跳线应单独布放，并应采用垫衬固定，不应挤压和扭曲。

7.24.8 设备电源配线中间不应有接头，电源端子接线应正确，配线两端的标志应齐全。

7.24.9 接插件、连接器的组装应符合相应的工艺要求。配件应齐全，线位正确，装配可靠，连接牢固。

7.24.10 各种缆线在防静电地板下、走线架或槽道内、机柜及机架内应均匀绑扎固定，松紧适度，其中软光纤应加套管或线槽保护。

7.24.11 缆线两端的标签，其型号、序号、长度及起止设备名称等标识信息应准确。

7.24.12 当设备配线采用焊接时，焊接后芯线绝缘层不应有烫伤、开裂及后缩现象，绝缘层离开端子边缘露铜不宜大于1mm。

7.24.13 当多层水平线槽垂直排列时，布放应按强电、弱电的顺序从上至下排列。

7.24.14 当采用屏蔽电缆或穿金属保护管以及在线槽内敷设时，缆线与具有强磁场和强电场的电气设备之间的净距离应大于0.8m。屏蔽线应单端接地。

7.24.15 电源线、信号线布放经过伸缩缝、转接盒及缆线终端处时应进行预留。

7.24.16 线槽敷设截面利用率不宜大于50%，保护管敷设截面利用率不宜大于40%。

7.24.17 室内光缆宜在线槽中敷设。当在桥架敷设时应采取防护措施。光缆连接线两端的余留应符合工艺要求。

7.24.18 在垂直的线槽或爬架上敷设时，电源线、信号线应在线槽内和爬架上进行绑扎固定，其固定间距不宜大于1m。

Ⅲ 通信管线

7.24.19 通信管线的施工质量验收内容应包括支架及吊架、桥架、保护管、通信管道等的安装。

7.24.20 支架与吊架安装质量验收应符合下列规定：
1 支架与吊架及配件到达现场应进行检查，并应符合本标准第7.13.4条的规定。
2 支架与吊架安装位置及安装方式应符合设计要求，并应固定牢固。支架与吊架的各臂应连接牢固。支架与吊架安装不应侵入设备限界。
3 支架与吊架不应安装在具有较大振动、热源、腐蚀性液滴及排污沟道的位置，也不应安装在具有高温、高压、腐蚀性及易燃易爆等介质的工艺设备、管道及能移动的构筑物上。
4 区间电缆支架接地方式应符合设计要求，接地连接应可靠。
5 支架与吊架的镀锌要求和尺寸应符合设计要求。切口处不应有卷边，表面应光洁。
6 当支架与吊架安装在有坡度、弧度的建筑物构架上时，其安装坡度、弧度应与建筑物构架的坡度、弧度相同。

7 支架与吊架安装应横平竖直、整齐美观，安装位置允许偏差为±50mm。在同一直线段上的支架、吊架间距应均匀，同层托臂应在同一水平面。

8 敷设电缆用的支架、吊架间距应符合设计要求。当设计无要求时，水平敷设时宜为0.8～1.5m。平直敷设时宜为1.0m。

7.24.21 线槽、走线架及配件施工质量验收除应符合本标准第7.13.10条和第7.13.11条的规定外，尚应符合下列规定：

1 线槽终端应进行防火、防鼠封堵。

2 金属线槽焊接应牢固，内层应平整，不应有明显的变形，埋设时焊接处应进行防腐处理。金属线槽采用螺栓连接或固定时应牢固。

3 线槽、走线架与机架连接处应垂直并连接牢固。

4 预埋线槽时线槽的连接处、出线口和分线盒均应进行防水处理。

5 当供电电缆与信号电缆在同一路径用线槽敷设时，宜分线槽敷设。当需敷设在同一线槽内时，应采用带金属隔板的线槽分开敷设。

6 线槽安装在经过建筑沉降缝或伸缩缝时应预留变形间距。

7 金属线槽的金属材料厚度、镀锌要求应符合设计要求。

8 当线槽的直线长度超过50m时，宜采取热膨胀补偿措施。

7.24.22 保护管及配件施工质量验收除应符合本标准第7.13.8条的规定外，尚应符合下列规定：

1 保护管不应有变形、裂缝，管口应光滑，内外壁应光洁，尺寸应准确，金属保护管的镀锌应符合设计要求。

2 保护管增设接线盒或拉线盒的位置应符合设计要求，接线盒或拉线盒开口朝向应方便施工。预埋箱、盒位置应正确，并应固定牢固。与预埋保护管连接的接线盒的表面应与墙面平齐，允许偏差为±2mm。

3 保护管应排列整齐、固定牢固。用管卡固定或水平吊挂安装时，管卡间距或吊杆间距应符合设计要求。

7.25 通信线路施工质量验收

7.25.1 通信光缆与电缆线路施工质量验收内容应包括区间光缆与电缆的敷设、接续、引入终端、光缆线路性能检测和电缆线路性能检查等。

7.25.2 光缆与电缆和光缆与电缆配线架的规格、型号及数量应符合设计要求。应具有相应资质的检测单位出具的测试报告。

7.25.3 光缆与电缆敷设质量应符合下列要求：

1 敷设路径应符合设计要求。
2 占用托架、槽道和位置应符合设计要求。
3 托架上、槽道内同时敷设多条光缆与电缆时，应互不交叉，标识明确。
4 管孔运用应符合设计要求。
5 同一根光缆与电缆所占各段管道的管孔应保持一致。
6 穿越或引下用的防护管的位置、材质、管长和埋设深度应符合设计要求和有关技术标准的规定。
7 光缆与电缆与其他管线的间隔距离应符合设计要求。

7.25.4 光缆与电缆线路的防雷设施、防蚀和防电磁设施的设置地点、区段、数量、方式和防护措施应符合设计要求。

7.25.5 光缆与电缆线路标桩的埋设应符合设计要求。光缆与电缆标桩应埋设在光缆与电缆路径的正上方，接续标桩应埋设在接续点的正上方，标识应清楚。

7.25.6 光缆敷设、接续或固定安装时的弯曲半径不应小于光缆外径的15倍。电缆敷设和接续时，铝护套电缆的弯曲半径不应小于电缆外径的15倍，铅护套电缆的弯曲半径不应小于电缆外径的7.5倍。

7.25.7 光缆与电缆线路区间内敷设应每隔100m挂标识、引入口挂标识，标识应清楚，并注明光缆与电缆属性。

7.25.8 电缆芯线应按顺序一一对应接续，接续完成后应检查无错线、断线，绝缘良好。

7.25.9 直埋电缆接头套管应做绝缘防腐处理并将接头加以保护。人手孔内的电缆接头应放在铁架上，相邻接头放置位置应错开。

7.25.10 电缆接头的埋深、固定方式、位置应符合设计要求。

7.25.11 电缆引入室内时，其金属护套与相连接的室内金属构件间应绝缘。

7.25.12 分歧尾巴电缆接入干线的端别应与干线端别相对应。

7.25.13 接线盒、分线盒、交接箱的配线应卡接牢固、排列整齐、序号正确、台账明确，并应有相应的标识。

7.25.14 光缆接续质量应符合下列要求：

1 芯线按光纤色谱排列顺序对应接续。光纤接续部位应进行热缩加强管保护，加强管应收缩均匀，不应有气泡。

2 光缆的金属外护套和加强芯紧固在接头盒内。同一侧的金属外护套与金属加强芯在电气上应连通。两侧的金属外护套、金属加强芯应绝缘。

3 光缆盒体安装应牢固，且密封良好。

4 光纤收容余长单端引入引出不应小于0.8m，两端引入引出不应小于1.2m。

5 光纤收容时的弯曲半径不应小于40mm。

6 光缆接头处的弯曲半径不应小于护套外径的20倍。

7 光缆接续后应预留2~3m。

7.25.15 光缆引入应符合下列要求：

1 光缆引入室内时，应在引入井或室内上机架前做绝缘节，室内室外金属护层及金属加强芯应断开，并彼此绝缘。

2 光缆引入室内终端应在光纤配线架或光纤终端盒上。

3 光纤配线架或光纤终端盒的安装位置及面板排列应符合设计要求。

4 引入室内的光缆应固定、安装牢固。

7.25.16 光缆接头的埋深、固定方式、位置应符合设计要求，直埋光缆接头埋于地下时，应设防护。

7.25.17 光缆及其接头在进入人孔时，应放在人孔铁架上予以固定保护。

7.25.18 光缆终端接续后，进、出尾纤应标识清晰、准确。

7.25.19 光缆引入时，不同型号、规格的光缆上、下行标识应清晰、准确。

7.25.20 光缆线路在一个区间/中继段内，每根光纤的背向散射曲线应平滑，无阶跃反射峰，接续损耗平均值应符合本标准第7.14.15条的规定。

7.26 传输系统施工质量验收

7.26.1 传输设备的施工质量验收内容应包括车站、车辆基地、控制中心以及其他含传输系统的地点等。

7.26.2 机柜及机架电路插板的规格、数量和安装位置应符合设计要求。

7.26.3 传输设备材料进场验收应符合本标准第 3.4.1 条、第 3.4.2 条和第 7.13.4 条的规定。

7.26.4 传输设备安装与配线质量应符合本标准第 7.24 节的有关规定。

7.26.5 传输系统电源及接地装置的安装质量应符合本标准第 7.34 节的有关规定。

7.26.6 配线电缆和电线的芯线应无错线或断线、混线，中间不应有接头。配线电缆芯线间的绝缘电阻应符合下列规定：
1 音频配线电缆不应小于 50MΩ。
2 高频配线电缆不应小于 100MΩ。
3 同轴配线电缆不应小于 1000MΩ。

7.26.7 光缆尾纤应按标定的纤序连接设备。光缆尾纤应单独布放并用衬垫固定，不应挤压、扭曲、捆绑，弯曲半径不应小于 50mm。

7.26.8 传输系统性能检测应符合现行国家标准《城市轨道交通通信工程质量验收规范》（GB 50382）的有关规定。

7.26.9 网管系统显示的配置应符合网元的实际配置。网管设备应能正确显示整个网络的拓扑结构。

7.26.10 对接入传输设备的所有以太网业务，其 IP 地址的网段应有统筹安排，每项业务的 IP 网段不应相同。

7.27 无线通信系统施工质量验收

7.27.1 无线通信系统施工质量验收内容应包括天线及馈线的安装、集群交换设备、基站、各类终端等。

7.27.2 无线通信系统设备材料进场验收应符合本标准第 3.4.1 条、第 3.4.2 条和第 7.13.4 条的规定。

7.27.3 无线通信系统设备安装与配线质量应符合本标准第 7.24 节的有关规定。

7.27.4 无线通信系统电源及接地装置的安装质量应符合本标准第 7.34 节的有关规定。

7.27.5 站台、站厅、车辆基地、控制中心调度大厅、正线区间、进出车辆基地转换区段、出入口区的场强覆盖应符合设计要求。

7.27.6 天线与馈线防雷应符合下列要求：
1 天线杆应设有单独的避雷针，避雷针引下线应做固定并与接地体连接良好。
2 天线避雷地线的接地电阻应符合设计要求。
3 天线避雷针对天线的保护角度应小于45°。
4 基站同轴电缆馈线的金属外护层，应在上部、下部和经走线架进机房入口处就近接地，在机房入口处的接地应与就近的接地系统连通。

7.27.7 连接器装配后接头外部应进行防护，并应固定可靠。

7.27.8 馈线不应有接头，天线与馈线连接处及馈线与室外防雷器的连接处应做防水处理。

7.27.9 合路器与分路器的安装位置应符合设计要求，并不应修剪合路器原配电缆长度。系统改造时，两个分路器之间的连接电缆长度应符合系统改造设计要求。分路器空余端应接上相应的终端负载。

7.27.10 漏缆吊挂用吊线敷设的安装方式应符合设计要求，并应吊挂牢固。

7.27.11 漏缆固定接头应保持原漏缆结构及开槽间距不变，接头应连接可靠，装配后接头外部应按设计要求进行防护。

7.27.12 车厢内的场强覆盖应符合设计要求。

7.27.13 无线通信系统的性能检测、功能检验、网管检验应符合现行国家标准《城市轨道交通通信工程质量验收规范》（GB 50382）的有关规定。

7.28 电话系统施工质量验收

7.28.1 机架应有防雷接线，并应接入接地系统。告警显示单元安装位置应端正合理，告警标示应清楚。

7.28.2 调度电话的功能应符合下列要求：
1 告警及信号显示应准确。
2 调度电话以不同呼叫方式呼叫时，其调度分机接收应准确。

3 调度电话对调度分机摘挂机显示功能应正常。
4 调度电话与调度分机间的相互通话应清晰、正常。
5 调度电话对各调度分机具有选呼、组呼、群呼功能，不应发生阻塞现象。
6 主备用倒换应正常。

7.28.3 上下行接车端头电话功能应符合下列要求：
1 摘机应连接至控制中心调度电话。
2 车站值班电话上应有相应的显示灯。
3 通话应清晰、正常。

7.28.4 会议功能应符合下列要求：
1 调度电话应符合全线的全呼功能，具备临时的会议功能。
2 调度电话与分机送话时，语音应清晰，不应有失真和振鸣。
3 调度电话可增、减与会分机，且不应影响会议进行。
4 电话语音接口应符合设计要求。

7.28.5 录音设备功能应符合下列要求：
1 录音设备应对调度电话与调度分机之间的通话内容及通话时间、分机号等信息进行记录。
2 对所有录音回放可分别按日期、时间、通道号进行搜索。
3 录音保存时间应符合设计要求。

7.28.6 电话系统网管终端应具有图形实时显示功能，进行网管终端功能试验，应正确显示网络拓扑结构，实时反映其物理连接状态及各点设备运行条件和状态。

7.28.7 电话系统网管配置管理功能应符合设计要求和有关技术标准的规定。

7.28.8 电话系统网管性能管理、故障管理功能应符合设计要求和有关技术标准的规定。

7.29 视频监视系统施工质量验收

7.29.1 视频监视系统施工质量验收内容应包括视频监视设备安装、视频监视设备配线、视频监视系统性能检测、视频监视系统功能检验、视频监视系统网管检验等。

7.29.2 视频监视系统施工质量验收应在通信线路、传输系统、电源系统验收合格，视频监视系统网管数据配置、承载网络传输质量、网络带宽符合设计要求的情况下进行。

7.29.3 视频监视系统设备材料进场验收应符合本标准第 3.4.1 条、第 3.4.2 条和第 7.13.4 条的规定。

7.29.4 视频监视系统设备安装与配线质量应符合本标准第 7.24 节的有关规定。

7.29.5 视频监视系统电源及接地装置的安装质量应符合本标准第 7.34 节有关的规定。

7.29.6 摄像机安装位置、监视目标应符合设计要求。

7.29.7 摄像机支架应稳固，摄像机及前端设备安装应牢固，云镜转动应正常。

7.29.8 室外摄像机支柱的安装高度、埋深、防雷接地、基础的浇筑方式和强度应符合设计要求。

7.29.9 视频监视系统车载设备的安装和布线，以及防振和防电磁干扰等要求应符合设计和车辆专业要求。车载设备安装不应超出车辆限界。

7.29.10 摄像机的清晰度、最低照度、信噪比、灰度等级指标应符合设计要求。

7.29.11 显示设备的分辨率、灰度等级指标应符合设计要求。

7.29.12 当采用 IP 网络承载业务时，视频监视系统的时延、抖动、丢包率等网络性能指标应符合设计要求。

7.29.13 中心级与车站级的视频实时调用时延、安防监控器材（PTZ）控制时延、历史图像检索响应时延、图像间切换时延等操作响应时延应符合设计要求。

7.29.14 视频监视系统的性能检测、功能检验、网管检验应符合现行国家标准《城市轨道交通通信工程质量验收规范》（GB 50382）的有关规定。

7.30 广播系统施工质量验收

7.30.1 广播系统的施工质量验收内容应包括正线各车站及控制中心广播系统和车辆基地广播系统等。

7.30.2 广播系统设备材料进场验收应符合本标准第3.4.1条、第3.4.2条和第7.13.4条的规定。

7.30.3 广播系统设备安装与配线质量应符合本标准第7.24节的有关规定。

7.30.4 广播系统电源及接地装置的安装质量应符合本标准第7.34节的有关规定。

7.30.5 安装扬声器不应超出设备限界，不应影响与行车有关的信号和标志。

7.30.6 当扩音馈线为地下电缆时，所用电缆盒和线间变压器盒的端子绝缘电阻应符合产品技术条件规定。

7.30.7 露天扬声器馈线引入室内时，应具备防雷接地装置，并装设真空保安器。

7.30.8 控制中心和车站广播的负载区数量，扬声器的布点和选型除应符合设计要求，尚应符合现行国家标准《火灾自动报警系统设计规范》（GB 50116）第7.6节应急广播的设置要求。

7.30.9 广播系统的性能检测、功能检验、网管检验应符合现行国家标准《城市轨道交通通信工程质量验收规范》（GB 50382）的有关规定。

7.31 时钟系统施工质量验收

7.31.1 时钟系统施工质量验收内容应包括标准时间管理中心、母钟、子钟设备和输出接口设备等。

7.31.2 时钟系统设备材料进场验收应符合本标准第3.4.1条、第3.4.2条和第7.13.4条的规定。

7.31.3 时钟系统设备安装与配线质量应符合本标准第7.24节的有关规定。

7.31.4 时钟系统电源及接地装置的安装质量应符合本标准第7.34节的有关规定。

7.31.5 数字子钟数码管颜色、指针式子钟的外形应符合设计要求。

7.31.6 子钟安装位置和高度应符合设计要求，所有子钟安装位置应远离自动喷淋系统的喷头，且安装高度为下沿距地面不小于2.2m。室外安装的子钟应具有防雷、防水保护功能。

7.31.7 数字式子钟的时、分、秒或日期的显示应符合设计要求，数码管显示发光应正常。指针式子钟的机芯应完好无损、运行自如，不应有卡滞现象。

7.31.8 子钟和母钟的自身校时精度应符合设计要求。

7.31.9 母钟、子钟和电源的主备用自动切换功能应符合设计要求。

7.31.10 母钟及子钟的自动校时功能应符合设计要求。

7.31.11 当中心母钟中断时，子钟驱动器应能正常工作。当子钟驱动器中断时，子钟应能正常工作。

7.31.12 当外部时间源发生故障或时间信号中断时，中心一级母钟经判断后应进入自由模式，系统故障时的声光报警功能应正常。

7.31.13 时钟系统网管监控界面应正确显示故障点及故障类型，可进行设备的监控和子钟数量的更改。每个站点所属子钟的安装位置应标识准确。

7.31.14 时钟系统网管应能记录故障的发生时间及恢复时间，并能显示和打印。

7.31.15 网管与上层网时间同步系统二级时间服务器的同步周期为 0.5~6min。

7.31.16 网管软件可设置多级管理权限。

7.31.17 经过汇总出来的故障告警信息应输出至故障集中监视系统。

7.32 办公自动化系统施工质量验收

7.32.1 办公自动化系统施工质量验收内容应包括线路的控制中心、车站及车辆基地等地点的通信管线和网络设备配置等。

7.32.2 办公自动化系统设备材料进场验收应符合本标准第 3.4.1 条、第 3.4.2 条和第 7.13.4 条的规定。

7.32.3 办公自动化系统设备安装与配线质量应符合本标准第 7.24 节的有关规定。

7.32.4 办公自动化系统电源及接地装置的安装质量应符合本标准第 7.34 节的有关规定。

7.32.5 信息插座/信息点的设置应符合下列要求：
1 信息插座应符合电信工业联盟/电子工业联盟（TIA/EIA）超五类标准性能要求，并提供相关测试证明。
2 插座面板口应带有标签标识，信息口面板上自带防尘盖。
3 信息插座安装于墙上或地面上，应能阻燃、防水和抗压。
4 信息点的设置覆盖范围应符合招标文件的要求。

7.32.6 办公自动化系统的性能检测、功能检验、网管检验应符合现行国家标准《城市轨道交通通信工程质量验收规范》（GB 50382）的有关规定。

7.33 乘客信息系统施工质量验收

7.33.1 乘客信息系统施工质量验收内容应包括调度中心子系统、车站设备子系统、移动网络子系统、有线网络子系统、车载设备子系统等。

7.33.2 乘客信息系统设备材料进场验收应符合本标准第 3.4.1 条、第 3.4.2 条和第 7.13.4 条的规定。

7.33.3 乘客信息系统设备安装与配线质量应符合本标准第 7.24 节的有关规定。

7.33.4 电子显示设备屏幕的安装位置不应受外来光直射，周围不应有遮挡物。

7.33.5 电子显示设备的保护接地端子应有明确标记并接地良好。在熔断器和开关电源处应有警告标志。

7.33.6 机柜不宜直接安装在活动地板上，宜按设备的底平面尺寸制作底座，底座直接与地面固定，机柜固定在底座上，然后铺设活动地板。

7.33.7 等离子显示器应增加电源及功能开关的防护。

7.33.8 乘客信息系统电源及接地装置的安装质量应符合本标准第 7.34 节的有关规定。安装在室外站台内的电子显示设备应有避雷防护装置，并应符合现行国家标准《建筑物电子信息系统防雷技术规范》（GB 50343）的有关规定。

7.33.9 乘客信息系统的性能检测、功能检验、网管检验应符合现行国家标准《城市轨道交通通信工程质量验收规范》(GB 50382) 的有关规定。

7.34 电源及接地系统施工质量验收

7.34.1 电源及接地系统施工质量验收内容应包括电源设备、接地装置、电源监控系统等。

7.34.2 通信系统的设备接地应包括下列内容：
1 通信电源设备的基础型钢、金属框架、装有电器的可开启的柜门。
2 通信设备、监控设备的机架、机壳。
3 电缆线路的金属护套和屏蔽层，防护用金属管路、金属桥架。
4 电源接地。
5 防雷接地。

7.34.3 通信设备应按一级负荷供电，通信电源系统应 24h 不间断运行，并且后备供电时间不小于 2h。

7.34.4 电源及接地系统设备材料进场验收应符合本标准第 3.4.1 条、第 3.4.2 条和第 7.13.4 条的规定。

7.34.5 电源及接地系统设备安装与配线质量应符合本标准第 7.24 节的有关规定。

7.34.6 电源设备的绝缘性能应符合下列规定：
1 电源设备的带电部分与金属外壳间的绝缘电阻不应小于 5MΩ。
2 电源配线的芯线间和芯线对地绝缘电阻不应小于 1MΩ。

7.34.7 电源及接地系统设备安装、设备配线、接地安装、电源系统性能检测、电源系统功能检验、电源集中监控检验应符合现行国家标准《城市轨道交通通信工程质量验收规范》(GB 50382) 的有关规定。

8 信号

8.1 一般规定

8.1.1 信号系统应由行车指挥和列车运行控制设备组成,并应设置故障监测、报警设备及维护管理设备。

8.1.2 信号系统应具有高可靠性、高可用性、高安全性和良好的电磁兼容性,并应符合环保要求。

8.1.3 涉及行车安全的子系统、设备安全完整度等级(SIL)应达到4级,且应符合故障导向安全原则。

8.1.4 信号系统应满足行车组织和运营管理的需要。

8.1.5 双线区段宜按双方向运行设计。单线区段应按双方向运行设计。

8.1.6 信号系统宜具备与线网内其他相同制式线路信号系统互联互通的能力。

8.1.7 信号系统可根据悬挂式单轨交通系统的自动化要求达到适配的自动化运营等级。

8.1.8 信号系统宜采用基于无线通信的移动闭塞制式。当采用非连续式列车控制系统时,应具有防止列车闯非开通位道岔的防护措施。

8.1.9 信号系统宜设置对各设备的状态进行集中监测和维护管理的维护管理子系统,维护管理子系统的监测范围宜包括正线、车辆基地及车载信号设备,并宜集成到综合调度自动化系统。

8.1.10 信号车载设备不应超出车辆轮廓线,信号轨旁设备不得侵入设备限界。

8.1.11 信号轨旁设备宜与线路沿线的景观相协调。

8.1.12 信号系统施工质量验收单位工程、分部工程、分项工程、检验批划分宜符合本标准附录 A 中表 A.0.5 的要求。

8.2 列车自动控制系统设计

Ⅰ 系 统 要 求

8.2.1 列车自动控制（ATC）系统包括正线及车辆基地信号系统。ATC 系统应包括下列主要系统：
1 列车自动监控（ATS）系统。
2 列车自动防护（ATP）系统。
3 列车自动运行（ATO）系统。
4 数据通信（DCS）系统。
5 维护管理（MMS）系统。

8.2.2 信号系统可采用固定闭塞、准移动闭塞或移动闭塞制式的 ATC 系统。

8.2.3 ATC 设备应确保列车的安全运行，实现列车运行间隔控制和防护、超速防护、道岔安全防护等功能。

8.2.4 ATC 系统的监控容量应满足正线车站、车辆基地的建设规模和运输作业的需要。

8.2.5 涉及安全的 ATC 系统设备应采用三取二或二乘二取二冗余结构。

8.2.6 ATC 系统控制模式应包括控制中心自动控制、控制中心人工控制、车站自动控制、车站人工控制。其控制等级应遵循车站人工控制优先于控制中心人工控制，控制中心人工控制优先于控制中心自动控制或车站自动控制。

8.2.7 列车驾驶模式宜包括 ATO 自动驾驶模式、ATP 监督人工驾驶模式、限制速度人工驾驶模式和非限制速度人工驾驶模式等。

8.2.8 ATC 系统宜具有自动驾驶功能，应可实现区间自动运行、进站定位停车、自动折返。

Ⅱ 列车自动监控系统

8.2.9 ATS 系统应具有下列功能：

1 列车自动识别、跟踪、车次号显示。
2 列车运行和设备状态自动监视。
3 进路自动/人工控制。
4 运行图或时刻表编制及管理。
5 列车运行自动/人工调整。
6 操作与数据记录、回放、输出及统计处理。
7 车辆修程及乘务员管理。
8 系统故障时降级使用及故障复原处理。
9 列车运行模拟及培训。

8.2.10 ATS系统构成应符合下列要求：
1 ATS系统主要应包括控制中心、车站和车辆基地等ATS设备。
2 控制中心ATS主要应包括服务器、工作站、网络设备、接口设备、打印机等设备。工作站应包括调度员工作站、调度长工作站、运行图编辑工作站、培训工作站、维护工作站等。
3 车站ATS主要应包括服务器/工作站、终端和网络设备等设备，车站宜设置发车计时器/指示器。

8.2.11 ATS系统架构与配置应符合下列要求：
1 网络系统应采用冗余方式。
2 调度员工作站的设置数量应根据在线列车对数、线路长度和车站数量等因素合理配置。

8.2.12 ATS系统应符合下列规定：
1 ATS系统可监控一条或多条运营线路。监控多条运营线路时，各条线路应具有独立运营和混合运营的监控能力。
2 ATS系统应满足列车运行交路的需要，凡具有折返条件的车站均应按具有折返作业处理。
3 列车出入车场的能力应与正线行车能力相适应。
4 列车进路控制可根据运行图和列车车次号等条件实现自动控制。

Ⅲ 列车自动防护系统

8.2.13 ATP系统宜由轨旁设备及车载设备组成。

8.2.14 当采用基于车车通信的列车自动控制系统时，ATP系统应由执行驱动采集功能的轨旁设备和执行联锁控制、移动授权计算功能的车载设备组成。

8.2.15 轨旁/车载计算机设备应采用冗余结构。

8.2.16 ATP 系统应具有下列主要功能：
1 检测列车位置，实现列车间隔控制和进路控制。
2 监督列车运行速度，实现列车超速防护控制。
3 防止列车误退行等非预期的移动。
4 为列车车门、站台屏蔽门的开闭提供安全监控信息。
5 记录司机的操作和设备运行状况。

8.2.17 ATP 系统应符合下列规定：
1 ATP 系统安全完善度等级应符合 SIL4 级要求，系统内部电路及设备之间的信息传输通道也应符合故障导向安全原则。
2 ATP 系统应按双方向运行设计。
3 在安全防护预定停车地点的外方应设安全防护距离或防护区段，安全防护距离应通过计算确定。

8.2.18 ATP 车载设备应符合下列规定：
1 ATP 系统应以导致列车停车为最高准则，任何车地连续通信中断、超时、列车超速、列车的非预期移动等均应导致强迫制动。
2 ATP 系统执行强迫制动时，应切断列车牵引，列车停车过程中不得中途缓解。

8.2.19 ATP 系统内联锁单元或独立联锁设备应符合下列规定：
1 应符合故障导向安全原则，并应采用冗余和安全技术，以及具备故障诊断和报警能力。
2 应保证进路上的道岔、信号机和区段的联锁，联锁条件不满足时，进路不得开通。敌对进路应相互照查，不得同时开通。
3 应能实现进路锁闭、接近锁闭、区段锁闭及人工锁闭，并应能实现单独操纵和进路选动。影响行车效率的联动道岔宜采用同时启动方式。
4 装设引导信号的信号机因故不能正常开放时，应能实现列车的引导作业。
5 车站进路控制宜采用进路的始终端控制方式，并可实现车站有关进路、端站折返进路的自动排列。
6 联锁设备的操纵宜选用显示器加键盘鼠标方式。

8.2.20 轨旁信号机设置应符合下列规定：
1 轨旁信号机宜采用 LED 色灯信号机，并宜根据轨道梁桥的墩柱设置情况布置。
2 采用基于通信技术的 ATC 系统应以车载信号显示为主体信号，轨旁只设置道岔防护信号机、出场信号机和尽头阻挡信号机。

3 采用基于传统列车位置占用检测设备的 ATC 系统应设置包括出站、道岔防护、区间分割、出场、阻挡等轨旁信号机，并作为主体信号使用。

4 系统可根据故障列车和工程列车的需求设置道岔指示装置。

Ⅳ 列车自动运行系统

8.2.21 ATO 系统应具有下列功能：
1 站间自动运行。
2 车站自动定点停车。
3 有人或无人驾驶自动折返。
4 列车运行自动调整。
5 列车运行节能控制。
6 列车车门、站台屏蔽门开关的自动监控。

8.2.22 ATO 系统应符合下列规定：
1 ATO 系统应在已装备有 ATP 系统、保证行车安全的条件下安装使用。
2 根据线路条件、道岔状态、前方列车位置等可实现列车速度自动控制。区间停车后，在条件具备的情况下可实现列车的自动启动。车站停车后发车时，列车可自动启动或由司机操作启动。
3 ATO 可根据运营需要提供多种区间运行模式。
4 ATO 应能自动定点停车，停车精度应符合停站、折返和存车作业的要求。安装有站台屏蔽门的车站列车停车允许偏差宜为 ±0.3m。
5 ATO 控制过程应符合舒适度、快捷性及节能的要求。
6 当采用储能供电系统时，ATO 宜根据电池管理系统（BMS）的状态信息调整控车策略。
7 ATO 应能控制列车实现车站通过作业。

Ⅴ 数据通信系统

8.2.23 DCS 系统应由有线网络、无线网络和网络管理设备三部分构成。

8.2.24 DCS 系统应为 CBTC 信号系统构建连续双向的数据通信网络，包括有线通信网络和车地无线通信网络。车地无线通信宜采用综合承载车地无线系统。

8.2.25 DCS 网络结构应采用双网冗余设计，两个无线网络的工作信道相互独立。

8.2.26 DCS 设备应包括地面有线通信设备和车地无线通信设备。

Ⅵ 维护管理系统

8.2.27 MMS 系统应遵循以下要求：
1 MMS 系统应具有数据分析、故障提前预警和故障诊断功能。
2 MMS 系统应统一规划，统一实施，宜与列车运行控制等系统同步设计。
3 MMS 系统监测范围应包括列车运行控制系统等信号系统和设备。
4 MMS 系统应采用成熟可靠的技术手段，具备信号设备运用过程的动态实时监测、数据记录、统计分析等功能。
5 MMS 系统应能监测信号设备的主要电气特性，当偏离预定界限或不能正常工作时应及时预警或报警。
6 MMS 系统应能记录监测对象的异常状况，具备预警分析和故障诊断功能。
7 MMS 系统应能监督、记录信号设备与电力监控、轨道梁、道岔等结合部的有关状态。
8 MMS 系统须采用良好的隔离措施，不应影响被监测设备的正常工作。
9 MMS 系统应具备抗电气化干扰能力，确保在电气化区段能正常工作。
10 MMS 系统应采用模块化、网络化结构，可分散、集中设置，适应不同站场的要求。
11 MMS 系统应具有统一的人机界面，操作简单，易于维护，宜具备一定的自诊断功能。
12 MMS 系统与其他专业系统信息交换时，应采用可靠的网络安全隔离技术，确保监测系统的网络安全。
13 MMS 系统应具有统一的时钟校核功能，确保系统中各个节点的时钟统一。

Ⅶ 车辆基地信号系统

8.2.28 车辆基地的信号系统宜包括下列主要设备：
1 车辆基地停车场 ATS 分机。
2 计算机联锁设备。
3 试车线信号设备。
4 信号培训设备。
5 日常维修和检测设备。

8.2.29 车辆基地信号系统应符合下列规定：
1 车场应设置进、出场信号机，并可根据需要设置调车信号机及尽头阻挡信号机等。车场各类信号机应以显示禁止信号为定位。

2 根据车场的运行模式和作业特点，可部分或全部纳入 ATC 的控制范围，并可实现在控制中心监控下，列车自动出入该区域。

3 试车线信号系统地面设备的布置，应能满足信号系统车载设备双向试车的需要，其轨旁设备应与正线信号系统的设备相同。

4 培训设备应模拟 ATC 设备的运行，并展示 ATC 系统的工作原理。

8.3 信号供电设计

8.3.1 信号系统供电应为一级负荷。

8.3.2 信号系统采用集中电源和分路馈电方式，其专用交流与直流电源应对地绝缘。

8.3.3 电源电压波动超过用电设备正常工作范围时，应采取稳压和滤波等措施。

8.3.4 车载设备电源应采用车上直流电源或经变流设备供电，并应设过压和过流保护。

8.3.5 信号系统应采用专用的电源屏供电，并应具有主、副电源自动和手动切换装置，切换时不应影响用电设备正常工作。

8.3.6 信号系统应采用不间断电源，并由专用的电源屏供电。控制中心、车站及轨旁设备的不间断电源供电时间不应小于 30min。

8.4 电磁兼容与防护设计

8.4.1 电磁兼容应符合下列规定：

1 信号系统及设备应采用屏蔽、滤波、接地、隔离、平衡以及其他技术措施，保证设备具有良好的电磁兼容性能。

2 应消除电磁辐射、感应、传导和静电释放等干扰因素对信号设备的正常工作产生的影响。信号设备及部件应防止对其他系统正常工作产生电磁干扰。

8.4.2 信号系统防护应符合下列规定：

1 信号设备与供电接触轨之间应留有安全距离。信号电缆线路与强电线路应分开敷设，当有交叉时宜相互垂直交叉敷设，必要时应采取防护措施，动力电缆与信号电缆的最小平行间距宜大于 0.5m。

2 室外信号设备与外线连接的室内设备应具有雷电防护措施，并应保证设备受雷电干扰时不应错误动作。

8.4.3 信号设备应设工作地线、保护地线和防雷地线，宜采用综合接地系统，其接地电阻值不应大于1Ω。

条文说明

信号设备未设综合接地系统时，可分散接地，其接地电阻值不应大于4Ω。防直接雷击的轨旁设备接地线，应单独设置，接地电阻不应大于10Ω。

8.4.4 车载设备的地线应经车辆的接地装置接地。

8.5 与道岔控制系统接口设计

8.5.1 信号系统与道岔控制系统的接口条件应符合下列规定：
1 信号系统通过与道岔控制柜的接口实现对道岔的集中控制和信息采集。
2 信号系统与道岔的接口分界点位于道岔控制柜的外线端子。
3 信号系统提供驱动道岔至相应位置的控制命令信息及其他现场手动操作所需的接口信息。
4 道岔控制柜提供与道岔位置相符的表示信息及道岔故障信息。
5 信号系统与道岔的接口电路应符合双方接口需求，并符合故障导向安全原则。

8.6 其他设计

8.6.1 信号系统电缆应符合下列要求：
1 车站电缆应采用无卤、低烟、阻燃型电缆。
2 电缆芯线或芯对应有一定的备用量。

条文说明

当在地面、高架区段敷设信号系统电缆时宜采用低烟、防紫外线、难燃型电缆。

8.6.2 信号设备用房应符合下列要求：
1 信号设备室面积应留有适当裕量。
2 信号设备室应适应设备运行环境的要求，应设置空调和防静电地板。
3 信号设备室应按无人值守设计。
4 信号设备室内最小净高不应小于2.8m。

8.7 信号机及标志牌安装

8.7.1 地面固定信号及标志牌施工内容应包括信号机及信号标志牌等的安装。

8.7.2 地面固定信号及标志牌施工流程如图8.7.2所示。

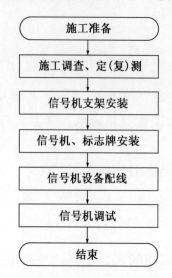

图 8.7.2 信号机及标志牌施工流程图

8.7.3 信号机施工前应进行相关接口检查，并应符合下列要求：
1 信号机安装地点的地形地貌、距离应符合安装要求。
2 轨道梁支柱实际位置应符合标志牌、信号机安装要求。
3 接地端子预留到位，接地电阻应符合设计要求。

8.7.4 信号机或标志牌进场验收除应符合本标准第3.4.1条的规定外，尚应符合下列规定：
1 机构灯光配列正确、不应有裂纹，机构之间的连接螺丝不应有锈蚀、松动，外部不应有伤痕和裂纹。
2 标志牌颜色正确，标志牌与相关设备的连接螺丝不应有锈蚀、松动。

8.7.5 信号机或标志牌安装位置和显示方向应符合设计要求，便于瞭望、不应有遮挡。

8.7.6 箱盒与基础、信号机与基础连接时应采用双螺母紧固，其中外部是防松螺母。

8.8 光缆与电缆线路敷设

8.8.1 信号光缆与电缆线路施工内容应包括路径复测，单盘检测、配盘及运输，电缆敷设，电缆防护，电缆接续，电缆成端，箱盒安装，箱盒配线等。

8.8.2 信号电缆施工流程如图8.8.2所示。

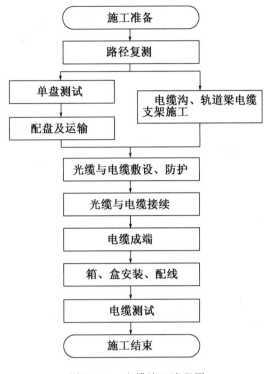

图 8.8.2 电缆施工流程图

8.8.3 信号光缆与电缆进场验收应符合本标准第 3.4.1 条的规定。

8.8.4 光缆与电缆路径复测应符合本标准第 7.14.3 条的规定。

8.8.5 光缆施工应符合本标准第 7.14 节的有关规定。

8.8.6 信号电缆敷设前应进行单盘测试,接续前、后应进行电气测试,室内外设备连接前应进行全程测试,并应做好测试记录。

8.8.7 光缆与电缆进场应进行单盘检测,测试指标应符合设计要求。

8.8.8 电缆配盘应符合下列规定:
1 根据信号设备机房、中继站、区间和站内设备位置里程和路径长度,选择合适的电缆盘长,电缆分歧及接续点应在相关设备附近。
2 电缆配盘应按自编盘号顺序排列。
3 电缆接续长度不应小于 300m。

8.8.9 信号电缆敷设应符合下列规定:
1 电缆敷设前,应再次确认电缆端别。敷设时引入室内侧为 B 端,室外设备侧 A

端，电缆按 A、B 端相接进行敷设。
2 非耐寒电缆在环境温度低于 –5℃、耐寒护套电缆在环境温度低于 –10℃ 敷设时，应采取加温措施。
3 敷设前应清除沟、槽内杂物。
4 槽内同时敷设多条线缆时应互不交叉。
5 电缆敷设时，不应出现背扣、急弯现象。
6 防护管为钢管时，管口处应打磨光滑，并应采用橡胶管或橡胶套防护。
7 在手孔、电缆井内的信号电缆与电力电缆应进行物理隔离。

8.8.10 信号电缆敷设的弯曲半径应符合下列规定：
1 全塑电缆的弯曲半径不得小于电缆外径的 10 倍。
2 铠装电缆的弯曲半径不得小于电缆外径的 15 倍。
3 光缆敷设的弯曲半径不得小于光缆外径的 15 倍。

8.8.11 信号电缆在跨越电力电缆时，信号电缆应采用钢管防护。电力电缆跨越信号电缆交叉时，电力电缆应采用钢槽或钢管防护。

8.8.12 信号电缆接续及工艺应符合下列规定：
1 电缆接续应采用免维护电缆接续。
2 电缆的地下接头应水平放置，接头两端 300mm 内不应弯曲。
3 根据电缆外径尺寸的大小选择变径环、切割密封胶圈，密封胶圈、变径环与电缆应同轴。
4 接续盒屏蔽网安装完成后，在屏蔽网上宜钻出 2~3 个渗胶孔。
5 电缆接续灌注密封胶应符合产品技术文件要求。
6 在焊接屏蔽连接线及电缆芯线时，不应使用腐蚀性焊剂，焊接应牢固。
7 电缆接续处应设"电缆接续"标识。

8.8.13 电缆成端制作应符合下列规定：
1 电缆穿入保护管和密封套后，应将电缆做头部分外护套清洁干净。
2 电缆外护套和引入孔应做密封处理。
3 电缆的钢带、铝护套、内屏蔽护套应联通。
4 金属芯线根部不应有损伤。对外露金属芯线、端子和根部以下的护层应做绝缘保护。电缆开剥长度应按箱盒配线要求确定。
5 开剥电缆时应注意保持电缆芯组的自然排序，并用电缆的编号扎纱将芯线组缠紧，避免配线时造成芯线混乱。
6 电缆引入成端后应灌注绝缘胶固定，胶面应高于金属屏蔽层。

8.8.14 方向盒、终端盒、变压器箱应采用防盗型箱盒，箱盒基础应采用热镀锌金属或其他防腐材料。

8.8.15 桥梁地段电缆从电缆槽道引至设备时，电缆槽盖板处处理方法应符合下列规定：
 1 电缆槽道盖板及盖板以上的电缆外露部分，应采用软管防护。
 2 设备下部的电缆槽盖板处，应采用特制混凝土盖板或其他方式封堵严密。

8.8.16 箱盒配线应包括方向盒、终端电缆盒、变压器箱的电缆配线和内部设备配线等。配线前准备工作应包括下列内容：
 1 根据设计图纸，应对每一根电缆导通、确认。
 2 每根电缆应有标识牌，标明去向。
 3 配线前应清除箱盒内杂物，保持内部清洁。

8.8.17 箱盒配线应符合下列规定：
 1 主保护管电缆配线，芯线端头应有2~3次做端头裕量，并不应盘圈。
 2 副保护管电缆沿盒的边缘线把分线不应与盒边缘接触，数字电缆副保护管线把不应形成闭合圈，线把绑扎间距应均匀，芯线应有2~3次做端头裕量。
 3 芯线端头做成鹅头弯后与端子连接。备用芯线可盘成弹簧状放在电缆根部。
 4 线把绑扎应均匀。

8.8.18 箱盒内弹簧接线端子配线，应符合本标准第8.16.14条的规定。

8.9 计轴设备安装

8.9.1 计轴装置及附件进场时应符合本标准第3.4.1条和第3.4.2条的规定。

8.9.2 计轴磁头的安装应符合下列规定：
 1 磁头的安装位置应符合设计要求，磁头安装应采用绝缘材料与钢轨隔离。
 2 磁头在钢轨长的安装孔中心距轨底高度、孔径、孔距、两相邻磁头的安装间距应符合设计要求。

8.9.3 计轴电子盒的安装应符合下列规定：
 1 电子盒安装位置应根据磁头电缆的布置方式确定，宜靠近信号设备机房。
 2 电子盒内部配线应连接正确、排列整齐。
 3 电子盒密封装置应完整。
 4 电子盒体应接地良好。

8.9.4 计轴装置采用的专用电缆长度应符合设计要求。电缆走线不应盘圈、弯折。

8.9.5 轨道箱安装应符合下列规定：
1 轨道箱进场验收应符合本标准第3.4.1条和第3.4.2条的规定。
2 轨道箱安装位置、方式、间距应符合设计要求。
3 轨道箱支座或底座安装应符合设计要求。

8.10 DCS轨旁部分施工

8.10.1 DCS轨旁部分施工内容应包括DCS轨旁设备安装、线缆布放、DCS系统接地安装等。

8.10.2 射频拉远单元RRU及附属设备进场验收应符合本标准第3.4.1条和第3.4.2条的规定。

8.10.3 DCS机柜设备安装应符合本标准第7.13.5条的规定。

8.10.4 现场接地的信号和现场不接地的信号不应用同一根多芯电缆传送。

8.10.5 模拟仪表和DCS系统共用传感器时，引向模拟仪表的信号线和引向DCS的信号线均应选用屏蔽线。

8.10.6 DCS装置硬件恢复应在设备制造厂现场服务工程师的监护下进行。

8.10.7 设备配线和线缆布放应符合本标准第7.13.13条和第7.13.14条的规定。

8.10.8 室外设备安装应符合下列规定：
1 设备安装应牢固、稳定。
2 抗风、防雨、防震、防结露及散热功能应符合设计要求。
3 接地应符合设计要求。

8.10.9 LTE-M的天线杆塔及天馈安装应符合现行国家标准《城市轨道交通通信工程质量验收规范》（GB 50382）的有关规定。

8.11 信标安装

8.11.1 卡具与轨道梁连接应采用双螺母紧固，其中外部是防松螺母。

8.11.2 信标及安装装置应进行进场验收，除应符合本标准第3.4.1条的规定外，尚应符合下列规定：
1 信标编号应与设计图相符。
2 信标表面不应有变形、损伤。

8.11.3 信标安装前应按照设计要求进行现场定测，确定具体安装位置和安装方式。

8.11.4 信标安装设置应符合设计要求，位置应与编号相符。

8.11.5 信标安装支架应具备抗震动能力。

8.11.6 信标安装轨道梁的空间位置应符合设计要求及有关技术要求。

8.11.7 信标安装高度、X 轴基准标记应符合有关产品技术标准的要求。

8.11.8 两个安装孔信标或四个安装孔信标安装均应牢固，连接螺栓的止动片、垫片、弹簧垫等组装齐全，固定螺栓应安装齐全。

8.11.9 信标尾缆施工应符合下列规定：
1 信标尾缆终端盒安装方式应符合设计要求。
2 信标尾缆长度应符合现场实际需要。
3 信标尾缆应套防护管防护。
4 信标连接口的尾缆应采用专用工具锁紧。靠近信标下部尾缆固定点距应符合设计要求。
5 信标尾缆的金属屏蔽网线在终端盒内与信标电缆的金属护层连接，信标干线电缆应在室内单端接地。

8.12 箱盒施工

8.12.1 箱盒进场后材料验收应符合本标准第3.4.1条和第3.4.2条的规定。

8.12.2 箱盒的安装位置、安装高度应符合设计要求。

8.12.3 电缆引入箱盒成端应符合本标准第8.11.16条的规定。

8.12.4 箱盒内电缆配线应符合本标准第8.11.23条和第8.16.14条的规定。

8.12.5 当箱盒采用支架安装方式时，金属基础支架应经热镀锌等防腐处理。

8.12.6 箱盒内端子编号应符合本标准第 8.11.25 条的规定。

8.12.7 箱盒内的设备部件应排列整齐，并应固定牢固。

8.13 室内设备安装

8.13.1 室内设备安装施工内容应包括控制显示、电源等设备安装，机柜及机架、走线槽安装，设备配线等。

8.13.2 室内设备施工流程如图 8.13.2 所示。

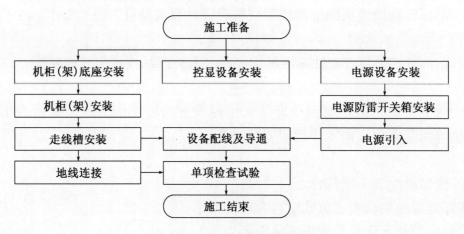

图 8.13.2 室内设备施工流程图

8.13.3 室内设备施工前，应按程序对房建等相关工程施工的接口、作业面验收交接，并确认应符合下列进场条件：
1 预留的沟、槽、管、孔应符合布线要求。
2 防静电地板应安装完毕，防静电地板下、走线槽内清洁不应有杂物。
3 法拉第笼屏蔽、网格线、集中接地端子排安装完毕，接地电阻值不大于1Ω。
4 门窗及玻璃安装齐全，室内不应有灰尘及杂物。
5 空调设备已安装、调试完毕，湿、温度等室内环境应符合有关标准的要求。
6 配电箱安装就位，供电电源应稳定、可靠。

8.13.4 继电器、变压器、整流器、防雷元件等应按要求进行检测，质量应符合有关技术标准。

8.13.5 其他控显设备的安装应符合下列规定：

1 安装位置、方式应符合设计要求。
2 放置在操作台上的显示设备，其最外边沿不应超出操作台的边沿。
3 控显设备各种接口的插接元件应配置正确、咬合紧密、接触可靠。
4 设备之间配线应连接正确，设备接地设施应符合设计要求。
5 控显设备应显示清晰，发光均匀，不应有失真、老化现象，鼠标、键盘应连接良好、操作灵活方便。
6 设备安装应平稳牢固。

8.13.6 电源设备安装应包括电源引入防雷箱安装、电源监测箱安装、电源屏安装、不间断电源系统及蓄电池的安装等。

8.13.7 电源防雷箱及电源监测箱安装应符合下列规定：
1 安装位置应符合设计文件要求。
2 固定箱体的膨胀螺栓与墙体应连接牢固。
3 箱体安装应垂直，调节允许偏差应符合设计要求。
4 箱体引线孔处应采用非金属材料防护。

8.13.8 电源屏安装应符合下列规定：
1 安装位置应符合设计文件要求。
2 电源屏安装应垂直，调节允许偏差应符合设计要求。
3 相邻电源屏正立面应在同一条直线上，并排列整齐、端正。
4 电源屏与底座间应连接平稳、牢固。
5 电源屏各输出电源对地绝缘良好，其绝缘电阻应符合有关产品技术标准和设计要求。
6 电源设备安装完并连接好屏间配线后，应进行通电检查试验。

8.13.9 蓄电池安装应符合本标准第7.23.5条的规定。

8.13.10 机柜及机架安装应符合本标准第7.13.5条的规定。

8.13.11 走线槽及桥架安装应符合本标准第7.13节的有关规定。

8.13.12 设备机柜的组合侧面端子及分线柜端子宜采用弹簧接线端子，其施工工艺和质量控制应符合有关技术标准的规定，连接方式应为插接方式。

8.13.13 机柜及机架线缆布放应符合本标准第7.13.13条的规定。

8.13.14 设备配线施工应符合下列规定：

1 弹簧接线端子工艺应符合下列要求：

1）接线端子安装应牢固、紧凑，端子外壳不应有污渍、开裂及变形，导流条和弹簧夹不应有锈蚀。

2）接线端子的规格应符合设计要求。

3）当配线采用截面积小于 $1mm^2$ 的多股铜芯软线时，应先用专用工具将冷压接线帽与多股铜芯软线压接牢固后，再与弹簧接线端子连接。

4）每个接线端子应一孔一线，线头不应加焊锡。

5）弹簧接线端子配线时应按其操作工艺进行。

2 压接配线工艺应符合下列要求：

1）压接端子不应有污渍、锈蚀、开裂及变形。

2）采用压接工艺配线，应选用与配线截面积相适应的端子和压接钳。

3）压接配线应按照操作工艺进行施工。

4）压接后的端子应连接牢固。

3 焊接配线工艺应符合下列要求：

1）焊接时不应使用带有腐蚀性的焊剂，可使用酒精松香做焊剂。

2）焊接应牢固，焊点应光滑、饱满，不应有毛刺、假焊、虚焊现象。

8.13.15 配线端子应套有塑料软管保护，套管长度应均匀一致，套管上有去向标识。

8.13.16 信号设备房屋电缆余留应符合下列规定：

1 室外引至信号设备房屋的电缆余留量不宜小于5m。

2 电缆间的电缆余留量应成 U 形或 Ω 形布放，不应盘成环状。在电缆井内时，可采用电缆托架分层固定，两端电缆宜分开。

3 电缆转弯及余留量的布放应均匀圆滑、整齐美观，不应有硬弯或背扣现象，并应符合电缆弯曲半径的要求。

8.13.17 电缆在引入口处内侧应用防火胶泥封堵，外侧应用泡沫填充剂封堵。

8.13.18 电缆终端应加挂铭牌，并标明电缆编号及去向。

8.14 防雷及接地施工

8.14.1 防雷及接地施工内容应包括设备防雷、室内设备接地、室外设备接地等的施工。

8.14.2 防雷及接地施工流程如图8.14.2所示。

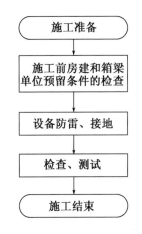

图 8.14.2 防雷及接地施工流程图

8.14.3 信号设备接地导线上不应设置开关、熔断器或断路器。

8.14.4 接地端子应设置用途铭牌，接地线宜采用黄绿色多股铜芯塑料绝缘线。

8.14.5 信号设备的防雷元件安装应符合下列规定：
1 防雷元件的安装位置、方式应符合设计要求。
2 防雷元件的安装应牢固可靠、便于检测，其他设备不应借用防雷设备的端子。
3 防雷元件表面不应有变形、损伤。

8.14.6 信号设备的防雷元件安装及配线应符合下列规定：
1 防雷元件与被防护设备之间的导线应采用阻燃线，路径应短捷、不留余长。
2 并联型防雷保安器与被保护设备端子连接线截面积不小于 $1.5mm^2$，连接线长度不宜超过 500mm，受条件限制时可适当延长，但不应超过 1500mm。采用凯文接线法时，防雷保安器接地线长度不应大于 1000mm。
3 电源防雷施工应符合下列要求：

1）单相稳定电流小于 100A 的机房，电源线与防雷箱的连接线长度不宜大于 500mm，受条件限制连接线长度在 500~1000mm 时，应采用凯文接线法连接。防雷箱接地线与电源保护地线连接，并就近与接地汇集线连接。

2）连接线采用塑料外护套多芯铜线，第Ⅰ级连接线截面积不小于 $10mm^2$、第Ⅱ级不小于 $6mm^2$、第Ⅲ级不小于 $2.5mm^2$。

4 信号传输线防雷施工应符合下列要求：

1）电缆金属护套和屏蔽层应与分线盘处单设的接地汇集线连接，使用中的电缆芯线经防雷保安器接地端子与接地汇集线连接，电缆备用芯线直接与接地汇集线连接。

2）信号传输线上设置的防雷保安器接地线应与被保护设备金属外壳连接，连接线应采用标称截面积不小于 $1.5mm^2$ 多股铜芯塑料绝缘软线，长度不大于 200mm，并就近与接地汇接线连接。

3）室外的信号设备防雷保安器接地端子应就近与接地体可靠连接，连接线应采用标称截面积不小于1.5mm²多股铜芯塑料绝缘软线。

5 信标室内防雷单元应固定安装在机房分线柜上或专用防雷柜内，具体位置应符合设计要求。

6 接地线应采用截面积不小于1.5mm²黄绿色多股铜芯塑料绝缘线。

8.14.7 室内设备接地汇集线施工应符合下列规定：

1 室内设备接地汇集线可相互连接，不应构成闭合回路。

2 电源防雷箱、电源引入处和防雷分线柜处的接地汇集线宜单独设置，分别与环形接地装置单点冗余连接，其余接地汇集线应采用截面积不小于2×25mm²带绝缘外护套的多股铜芯线或30mm×3mm的铜排相互连接后与环形接地装置单点冗余连接。

3 当房屋面积较大时，宜设置与地网单点冗余连接的总接地汇集线。运转室、继电器室、电源室、设备机房的接地汇集线应分别与总接地汇集线单点连接。当信号设备房屋分布在几个楼层时，各楼层应分别设置总接地汇集线，总接地汇集线间应采用不小于50mm²的带绝缘外护套的多股铜芯线栓接。

4 接地汇集线及接地汇集线间的连接导体、接地汇集线与地网的连接线应与墙体绝缘。接地汇集线应在距地面200~300mm处设置。有防静电地板的机房，接地汇集线可在地板下方距地面30~50mm处设置，距墙面宜为100~150mm。接地汇集线上每隔1000~1500mm应预留接地螺栓供连接使用。

5 接地汇集线与地网的连接线应采用不小于2×25mm²的带绝缘外护套的多股铜芯线。电源室防雷箱处、电源引入处接地汇集线在环形接地装置上的连接点与分线柜处接地汇集线在环形接地装置上的连接点之间，以及与其余接地汇集线在环形接地装置上的连接点之间距离宜大于5000mm。

8.14.8 室内信号设备的接地施工应符合下列规定：

1 电源屏、控制台、各种机柜、控显设备等所有室内设备应与墙体绝缘，其安全地线、防雷地线、等电位地线等应以最短距离分别就近与接地汇集线连接。

2 金属机柜及机架应采用不小于10mm²多股铜导线与本机柜及机架下的等电位铜排栓接，等电位铜排应采用不小于50mm²带绝缘外护套的多股铜芯线或30mm×3mm铜排就近与接地汇集线连接。

3 设备门体、槽道与机柜及机架主体部分应进行等电位连接。

4 室内设备地线连接后，应进行接地电阻测试，接地电阻不应大于1Ω。

8.14.9 电源引入防雷接地施工应符合下列规定：

1 电源引入防雷箱外壳与防雷箱内接地端子间应采用截面积不小于6mm²铜导线连接。

2 电源引入防雷箱内接地端子可直接就近接地，连接线应采用截面积不小于50mm²铜导线。

3 当室内设有电源引入防雷接地汇集线时，电源引入防雷箱内接地端子可直接与电源引入防雷接地汇集线连接，连接线应采用截面积不小于50mm²铜导线。

8.14.10 室外电缆的屏蔽和接地施工应符合下列规定：

1 室外电缆钢带、铝护套、内屏蔽护套应采取单端接地。

2 箱盒引入电缆的钢带、铝护套层应采用U形卡加固牢固，环连后用两根7×φ0.52mm铜芯绝缘软线接至方向盒内接地端子，内屏蔽层用1.5mm²扁平铜网环连后接至接地端子。

3 设备接地端子应就近地线连接，连接线应采用截面积50mm²的铜导线。

8.14.11 信号机应进行安全接地防护，并应采用不小于50mm²软铜缆将各机构分别与信号机梯子、信号机构连接后与地线连接。

8.14.12 信号机等设备接地应符合设计及有关技术要求。

8.14.13 各接地线连接端子应牢固可靠，引接线露出地面部分应进行防护。

8.14.14 室外设备地线连接后，应进行接地电阻测试，接地电阻不应大于1Ω。

8.14.15 强弱电接地不应接入同一端子，间隔应符合设计要求和有关技术标准要求。

8.15 信号机及标志牌施工质量验收

8.15.1 信号机构及信号变压器进场应对各灯室是否串光和机构门的严密性进行检测。

8.15.2 信号机构的型号、规格和灯光配列应符合设计要求。

8.15.3 信号机安装高度、机构间距、支架安装高度、安装限界应符合设计要求。

8.15.4 信号机配线应符合下列要求：

1 绝缘软线不应有损伤、老化现象。

2 绝缘软线不应有中间接头。

3 绝缘软线两端芯线可采用爪形线环、铜线饶制线环或冷压接线端子压接等方式做头。

4 绝缘软线在电线引入管进出口处应加防护，信号机构至支架间的绝缘软线应加防护。采用橡皮电缆或塑料绝缘电缆时，可不加防护。

8.15.5 信号机安装托架顶面应水平，配件完整，安装牢固。

8.15.6 信号机构内部设备安装应布置合理，安装牢固，不应有卡碰。

8.16 光缆与电缆线路施工质量验收

8.16.1 普通护套电缆在环境温度低于 $-5℃$、耐寒护套电缆在环境温度低于 $-10℃$ 敷设时，应采取加温措施。

8.16.2 信号电缆进场应进行验收，对其绝缘电阻等参数进行测试，电气特性应符合有关产品标准的规定及设计要求。

8.16.3 敷设的信号电缆型号、规格应符合设计要求。

8.16.4 信号电缆敷设应符合下列规定：
1 电缆绝缘外护套应完整。电缆外护套完整性检查可通过测试钢带对地的绝缘电阻判断，电气特性应符合有关产品标准的规定及设计要求。
2 电缆弯曲半径不应小于电缆外径的15倍，不应出现背扣、小弯现象。
3 托架上敷设的电缆，应固定牢固。托架上的电缆排列应整齐并自然松弛，同层电缆不应交叉、扭绞。

8.16.5 电缆埋设标混凝土基础的强度应符合设计要求。电缆埋设标表面平整光洁，不应有丢边掉角现象。

8.16.6 电缆每端储备长度应符合下列要求：
1 室外长度20m以上电缆每端储备量不应小于2m，20m以下电缆不应小于1m。
2 室外电缆进入室内的储备量不应小于5m。
3 当光缆与电缆过桥时，在桥两端的余留量不应小于2m。
4 电缆地下接续时，接续点每端电缆的储备量不应小于1m。

8.16.7 电缆埋设标埋设位置应符合下列要求：
1 电缆转向或分支处。
2 当长度大于200m的电缆路径，中间无转向或分支电缆时，应每隔不到100m处设置电缆埋设标识。
3 电缆地下接续处。

  4 电缆穿越障碍物而需标明电缆实际路径的适当地点。
  5 根据埋设地点的不同，电缆埋设标上应表明埋深、直线、拐弯或分支等，地下接续处应标写"接续标"等字样及接头编号。

8.16.8 光缆线路施工质量应符合下列要求：
  1 光缆线路的路径、敷设位置应符合设计要求。
  2 光缆线路的埋深应符合设计要求。
  3 光缆线路的防雷设施的设置地点、区段、数量、方式和防护措施应符合设计要求。
  4 光缆线路的防蚀和防电磁设计的设置地点、区段、数量、方式和防护措施应符合设计要求。

8.16.9 电缆防护用钢管、铸铁管、电缆槽、硬塑料管及其他电缆防护器材进场应进行验收，其质量应符合有关产品标准的规定。

8.16.10 电缆采用钢管、铸铁管、硬塑料管等进行防护时，管口两端应用防腐油浸的麻袋或软布缠绕并堵严。

8.16.11 电缆在居民点、地下排水沟、取土坑等附近通过时，应在电缆上下各敷设软土或砂100mm，并在上面敷砖、管、槽防护。

8.16.12 电缆地下接续时，地下接头应用电缆槽进行防护，防护长度不小于1m。

8.16.13 室外信号电缆当与其他管线、建筑物交叉或平行敷设时，其防护标准应符合有关规定。

8.16.14 混凝土电缆槽的强度应符合设计要求，钢筋不应外露，表面平整光洁，不应有丢边掉角现象。

8.16.15 各种扭绞信号电缆在进行接续时，应A端与B端相接，相同芯组内相同颜色的芯线相接。

8.16.16 电缆穿越公路、便道时，在距公路、便道边缘的2m内不应进行地下接续。在距地下热力、煤气及燃料管道2m范围内不应进行电缆地下接续。

8.16.17 电缆的地下接头应水平放置，接头两端各300mm内不应弯曲。

8.16.18 信号电缆采用接续盒型接续时应符合下列要求：
1 压接式接续端子材料的规格、型号应符合设计要求。
2 电缆芯线开剥绝缘层长度为6~8mm。

8.16.19 信号电缆地面箱盒接续方式应符合下列要求：
1 电缆芯线不应有损伤。每根芯线应保留有能再进行3次接续的储备量。
2 电缆芯线连接时，端子应稳固，芯线间及芯线与螺母间应放置铜垫圈并拧紧。

8.16.20 相同芯线数的电缆接续时，备用芯线应连通。

8.16.21 光纤接续时应按光纤色谱、排列顺序，一一对应接续。光纤接续部位应用热缩加强管保护，加强管收缩应均匀、不应有气泡。光纤收容时的弯曲半径不应小于40mm。

8.16.22 直埋光缆的金属外护套和加强芯应紧固在接头盒内。两侧的金属外护套、金属加强芯应绝缘。

8.16.23 各种箱盒进场应进行验收，其质量应符合有关行业标准的规定及设计要求。

8.16.24 信号机、计轴设备、AP箱、电缆分歧及接续等所用箱盒的安装方式应符合设计要求。

8.16.25 箱盒用混凝土基础的强度应达到设计要求，基础螺栓应竖立垂直，距离正确，外露部分应有防锈措施，基础表面应平整光滑，不应有丢边掉角现象。

8.16.26 电缆引入箱盒成端处，应对电缆外护套和引入孔密封处理，金属芯线根部不应有损伤，对外漏金属芯线、端子和根部以下的护层应进行绝缘保护。

8.17 计轴设备施工质量验收

8.17.1 计轴用轨道箱进场应进行验收，规格、型号及其质量应符合有关行业标准的规定及设计要求。

8.17.2 计轴轨道箱的安装方式、限界应符合设计要求。

8.17.3 计轴轨道箱安装应稳固,方便连接电缆引入轨道箱。

8.17.4 计轴室外设备的进场应进行验收,设备不应有损伤。各组成部件应完好齐全,规格、型号符合设计要求,其质量应符合有关产品标准的规定。

8.17.5 计轴磁头安装应符合设计要求。

8.17.6 安装发送器、接收器时,紧固螺栓应采用扭力扳手,扭矩应符合产品技术标准的要求。

8.17.7 计轴设备连接电缆型号、规格应符合设计要求,电气特性应符合有关产品标准的规定及设计要求。

8.17.8 计轴设备使用电缆的敷设方式、防护应符合设计要求。

8.18 DCS 轨旁部分施工质量验收

8.18.1 AP 箱进场应进行验收,其质量应符合有关行业标准的规定及设计要求。

8.18.2 AP 箱的安装方式、限界应符合设计要求。

8.18.3 AP 箱安装应稳固,方便连接电缆引入 AP 箱。

8.18.4 AP 天线的进场应进行验收,天线各组成部件应完好齐全,规格、型号符合设计要求,其质量应符合有关产品标准的规定。

8.18.5 AP 天线安装高度、规格、型号、安装方式应符合设计要求。

8.18.6 天线安装应牢固,各紧固件应上紧。

8.18.7 DCS 轨旁设备间连接电缆型号、规格应符合设计要求,电气特性应符合有关产品标准的规定及设计要求。

8.18.8 DCS 轨旁设备间连接电缆的敷设方式、防护应符合设计要求。

8.18.9 LTE-M 的天线杆塔及天馈安装质量验收应符合现行国家标准《城市轨道交通通信工程质量验收规范》(GB 50382)的有关规定。

8.19 信标施工质量验收

8.19.1 信标的进场应进行验收，型号、规格应符合设计要求，其质量应符合有关产品标准的规定。

8.19.2 信标安装位置、安装方式应符合设计要求。

8.19.3 信标安装支架、固定板应安装稳固。

8.20 按钮箱施工质量验收

8.20.1 按钮箱进场应进行验收，设备不应有损伤。规格、型号应符合设计要求，其质量应符合有关产品标准的规定。

8.20.2 按钮安装位置、安装方式应符合设计要求。

8.21 室内设备施工质量验收

8.21.1 室内设备施工质量验收内容应包括机柜、线槽、电缆引入及分线盘、光缆引入及光配线架、操作显示设备、大屏设备、电源设备及配线等。

8.21.2 设备机柜进场时应进行检查，其型号、规格、质量应符合设计要求。

8.21.3 室内设备电气与机械特性、安装的防护设置应符合设计要求。

8.21.4 信号系统设备用房应符合设计要求。

8.21.5 机房内机柜的平面布置、安装位置、柜面朝向、柜间距应符合设计要求。

8.21.6 机柜安装应符合本标准第7.24.2条的规定。

8.21.7 线槽安装质量验收应符合下列规定：
1 线槽进场时应进行检查，其型号、规格、质量应符合设计要求。
2 线槽的安装位置、安装方法应符合设计要求。
3 当线槽与机柜间需绝缘隔离时，绝缘管垫应安装齐全，且不应有损伤。
4 线槽底部应敷设底板，引入口处宜采取线缆磨损防护措施。

5 线槽安装应平直、稳固。线槽间及与机柜间应用螺栓连接牢固。

8.21.8 分线盘柜上的接线端子排列编号应与施工图纸相符，接线端子上的标志应正确清晰。

8.21.9 光缆引入及光配线架检验项目及质量要求、检验数量、检验方法应符合现行国家标准《城市轨道交通通信工程质量验收规范》（GB 50382）的有关规定。

8.21.10 分线盘应固定牢固，其安装高度应符合设计要求。

8.21.11 从引入口到分线盘柜的电缆应进行防护。引入电缆应排列整齐，并应分段固定。

8.21.12 操作显示设备进场时应进行检查，其型号、规格、质量应符合设计要求。

8.21.13 操作显示设备安装位置、整体布局应符合设计要求。

8.21.14 计算机及附属设备安装应符合下列规定：
1 接口连接应符合设计要求，应连接正确、牢靠。
2 防电磁干扰的屏蔽措施应符合设计要求，屏蔽连接应牢固可靠，中间不应有断开。
3 计算机配线应采用专用电缆，并应有防护措施。
4 计算机显示屏图像、字符应清晰，键盘、鼠标应操作灵便，打印机、扫描仪等应安装正确。

8.21.15 单元控制台安装应符合下列规定：
1 控制台表示盘面的布置及表示方式应符合设计要求。
2 指示灯应安装正确，并应显示清晰、亮度均匀。
3 按钮应动作灵活，接点应通断可靠。插接件应接触紧密、牢固。
4 控制台内部配线应正确，接地应可靠。
5 限流装置容量应符合设计要求。报警装置应安装正确、牢固。

8.21.16 大屏设备进场时应进行检查，其型号、规格、质量应符合设计要求。

8.21.17 大屏设备的安装位置、屏幕配置及安装方式，应符合设计要求。

8.21.18 大屏安装应符合下列规定：

1 信号源到大屏控制器的地面走线槽应设施完整、路径合理,并应安装牢固。
2 屏幕间缝隙条应连接紧密,屏幕拼接间距及大屏总体平整精度应符合设计要求,整墙屏幕不应有凹凸不平现象。
3 反射镜安装角度应正确,支架应安装平整、牢固。
4 电子设备箱应安装平整,配线应正确,连接线应紧固、不应有松动。
5 投影机与支撑架应相吻合,并应转动自如、不应有卡阻现象。
6 风扇安装位置应正确,风扇应转动自如、不应有卡阻现象。

8.21.19 大屏显示图像、字符应清晰,显示识别区域应符合设计要求。

8.21.20 支架、导轨、夹具应安装正确、牢固。连接部件应安装齐全,并应连接紧固、无松动。

8.21.21 电源设备的安装应进行检查,其型号、规格、质量应符合设计要求。

8.21.22 电源设备的安装位置、安装方式应符合设计要求。

8.21.23 电源屏的安装应符合下列规定:
1 电源屏排列顺序应符合设计要求。
2 信号两路电源应经专用防雷箱后再引至信号电源屏。引入电源相序与电源屏的相序、屏与屏之间的相序应一致。
3 电源屏按钮应动作灵活,开关应通断可靠。限流装置容量应符合设计要求。电源模块应安装端正、牢固。
4 电源屏接地应安装牢靠。
5 指示灯应安装正确,指示灯显示应清晰、亮度均匀。报警装置应安装齐全、完好。

8.21.24 UPS安装应符合下列规定:
1 机柜应安装端正、稳固,机柜外壳应可靠接地。
2 电池块配置应符合设计要求,配线应连接牢固、极性正确。
3 电池柜接地装置应安装牢靠。

8.21.25 线缆布放应符合本标准第7.13.13条的规定。

8.21.26 电源屏应安装端正、稳固。连接部件应安装齐全,不应有损伤,并应紧固,不应有松动。

8.21.27 电源屏配线应连接牢固，不应有松动，配线两端应标志齐全。

8.21.28 电缆终端应固定在机架上，排列应整齐、美观，引出端应有标明去向的标牌。

8.21.29 电缆芯线在连接端子前的扭绞状态应符合设计要求。线头剥切部分芯线不应有伤痕。绕制线环时，线环应按顺时针方向旋转。

8.22 防雷及接地施工质量验收

8.22.1 信号设备不应与电力、房屋建筑合用接地体，其接地体间的距离不应小于20m。

8.22.2 信号接地装置分为防雷地线、屏蔽地线、计算机专用地线及安全地线等。各类信号接地装置应分类使用，当受场地限制或建筑结构影响时，楼内信号地线应符合设计要求合用接地体。

8.22.3 信号接地装置的接地电阻应符合设计要求。

8.22.4 接地装置的引接线截面积应符合设计要求。

8.22.5 电源屏、各种机柜及机架、盘等设备的外壳或架体应牢固连接至公用安全接地装置。

9 综合调度自动化

9.1 一般规定

9.1.1 悬挂式单轨交通系统宜设综合调度自动化系统，并应满足行车指挥、机电设备监控、维护管理、防灾安全和乘客服务等运营管理需要。

9.1.2 综合调度自动化系统宜为实时监控与监控数据管理相结合的系统。

9.1.3 综合调度自动化系统宜以行车指挥为核心，集成和互联范围应满足运营及维护管理需求。

9.1.4 综合调度自动化系统应采用标准化接口及协议，应为线网指挥系统提供有关信息。

9.1.5 综合调度自动化系统施工质量验收单位工程、分部工程、分项工程、检验批划分宜符合本标准附录 A 中表 A.0.6 的要求。

9.2 设计

9.2.1 综合调度自动化系统宜与行车指挥、防灾安全及乘客服务管理等有关信息纳入统一的数据信息平台，并将各相关系统的信息进行整合，宜提供统一的多业务图形用户界面，共享信息资源。

9.2.2 综合调度自动化系统应具备监视、控制等功能。

9.2.3 综合调度自动化系统应提供统一的权限管理功能。应具有集中统一的用户注册管理功能，并应根据注册用户的权限，开放不同的功能。总界面操作及管理权限高于各专业界面操作及管理权限。

9.2.4 综合调度自动化系统应提供所集成或互联的各专业统一的报警、事件定义及处理机制。报警信息应能分类别显示，应按照专业划分、级别划分、车站划分，以及按设备等形式组织报警显示。

9.2.5 综合调度自动化系统应提供联动功能，联动功能应包括正常模式、火灾模式、阻塞模式、故障模式，以及应对公共灾害的相应模式等。

9.2.6 联动功能的触发方式应包括自动触发、人工触发。在满足操作权限时，应具备设置、修改触发条件，信息应记入系统日志。

9.2.7 综合调度自动化系统应具有时钟同步功能。

9.2.8 综合调度自动化系统应包括车站综合画面、车站机电设备分类画面、环境与设备监控系统模式控制画面及模式列表。应能监视全线各车站的空调系统、电梯、自动扶梯、动力照明系统等设备的运行状态。

9.2.9 综合调度自动化系统应能选择广播区域，监视广播控制状态和报警，应实现进站自动广播的联动功能，应实现自动时间表广播。

9.2.10 综合调度自动化系统应具备视频监控画面自动或手动操控功能，应任意选择所管辖范围内的视频监控监视图像显示。应实现控制摄像机云台转动、调整镜头焦距等功能。

9.2.11 综合调度自动化系统应具备乘客信息系统的信息编辑、信息保存、信息审核、修改、信息发布管理等功能，应具备对乘客信息系统设备状态信息的监视，实现乘客信息系统报警监视、显示范围选择、预定义信息播放等功能。

9.2.12 综合调度自动化系统应具备对信号系统的列车信息、列车位置信息及信号设备状态信息的监视功能，具备接入列车信息、阻塞信息、设备报警、通道检测信息并显示，宜根据信号系统提供的实际运行图信息，进行自动广播、乘客信息显示，以及与列车运行有关的联动。后备盘应设置列车自动监控紧急停车和释放按钮。

9.2.13 综合调度自动化系统应具备监视客流信息及自动售检票系统设备报警信息的功能。后备盘应设置自动售检票系统闸机紧急释放按钮。

9.2.14 综合调度自动化系统应具备对火灾自动报警系统报警设备及状态信息监视功能。并在后备盘上设置消防专用设备紧急启停按钮。

9.2.15 综合调度自动化系统应具备对站台门设备状态信息监视功能，后备盘应设置站台门系统紧急开门按钮。

9.2.16 综合调度自动化系统应具备系统维修、运营辅助管理功能。

9.2.17 综合调度自动化系统设备应选择可靠、可维护、易扩展的工业级网络及控制产品，保证24h不间断运行。

9.2.18 综合调度自动化系统宜设置中央级综合调度自动化系统和车站级综合调度自动化系统，并应通过冗余网络设备将全线各车站级综合调度自动化系统与中央级综合调度自动化系统连接构成完整综合调度自动化系统。

9.2.19 中央级综合调度自动化系统硬件配置要求：
1 应配置冗余实时服务器。
2 应配置历史服务器及相关存储设备。
3 应配置调度员及维护工作站。
4 应至少配置一台事件打印机及报表打印机。
5 应配置大屏幕显示系统设备。

9.2.20 宜根据运营管理需求，设置车站级综合调度自动化系统，其硬件配置要求：
1 宜设置综合调度自动化系统综合后备盘。
2 宜设置操作员工作台。
3 宜配置冗余实时服务器。

9.2.21 综合调度自动化系统的冗余设备应实现无扰动自动切换功能。

9.2.22 综合调度自动化系统所采用的操作系统应稳定、安全、可靠，系统软件平台应采用成熟产品，并应能根据用户需求进行二次开发。

9.2.23 软件配置应与硬件的冗余配置相适应，具备容错能力。

9.2.24 综合调度自动化系统应采用模块化结构。

9.2.25 综合调度自动化系统应基于开放系统软件结构和实时数据技术，采用标准的编程语言和编译器，并支持多种硬件构成。应具有对不同制造商产品的集成能力。

9.2.26 对子系统间数据通信进行有效管理，应采取防止网络风暴、防止外部侵入的措施。

9.2.27 综合调度自动化系统所采用的数据库系统应为开放的、主流的数据库，应采取冗余架构，数据库的容量应支持动态可扩充性。

9.2.28 可充分利用和发挥硬件系统的能力，支持多任务多用户并发访问，支持内存数据库和动态缓存技术，支持数据的存储和转发。

9.2.29 应提供有效的冗余设计。单个模块/部件故障甚至部分交叉故障不应引起数据的丢失和系统的瘫痪。

9.2.30 应具有标准化、实用化、可复用和易扩展的特征，并应支持多专业集成和互联。

9.2.31 应符合集成子系统特殊进程的要求。

9.2.32 应具备方便的用户组态、画面编辑、系统维护、监控设备类增减及人机界面修改等功能。

9.2.33 综合调度自动化系统应具有良好的实时控制性能。

9.2.34 综合调度自动化系统从接收到信号系统信息到显示该信息的时延应小于1s。其他设备状态变化信息在系统中的传送时间应小于2s。

9.2.35 综合调度自动化系统控制从计算出控制命令到发送该命令到信号系统的输出时延应小于1s。其他遥控命令在系统中的传送时间应小于2s。

9.2.36 系统平均无故障时间不应小于10000h。

9.3 管线敷设

9.3.1 管线敷设应采取防电磁干扰的措施。

9.3.2 信号线与电源线应分开敷设。

9.3.3 信号线宜直接进入设备端子。当采用屏蔽线时，屏蔽层应连续。接地点宜选择信源端。

9.3.4 冗余线路宜采用不同路径。

9.3.5 中央控制室、车站机房的管线应集中敷设。

9.3.6 管线安装应符合现行国家标准《建筑电气工程施工质量验收规范》(GB 50303)和《自动化仪表工程施工及质量验收规范》(GB 50093)的有关规定。

9.3.7 线缆敷设、引入、接续应符合现行国家标准《综合布线系统工程验收规范》(GB 50312)的有关规定。

9.3.8 动力电缆、控制电缆、通信电缆的防火、防毒性能及芯线备用裕量应符合设计要求。

9.4 设备安装

9.4.1 控制箱、控制柜、控制盘的安装除应符合现行国家标准《建筑电气工程施工质量验收规范》(GB 50303)及《自动化仪表工程施工及质量验收规范》(GB 50093)的有关规定外，尚应符合下列规定：
　　1 应根据施工图纸及产品设计图对控制箱、控制柜、控制盘进行全面检查，控制箱、控制柜、控制盘应数量准确、漆饰良好、内部部件齐全、安装稳固、配线正确。
　　2 控制箱、控制柜、控制盘的安装位置与方式应符合设计要求，且应符合维修和维护要求。
　　3 控制箱、控制柜、控制盘在安装完成后，应进行防护。

9.4.2 控制箱、控制柜、控制盘应避开送风口、管道阀门等下方位置安装。当无法避开时，应采取防水保护措施。

9.4.3 安装在防静电地板上的控制柜、控制盘应设置专用设备安装底座，底座上表面应保持水平。

9.4.4 控制箱、控制柜、控制盘安装应横平、竖直、牢固。成排安装的控制箱、控制柜的正面宜平齐，高度宜一致，相邻箱、柜之间的接缝间隙不应大于2mm，成排安装的控制箱、控制柜的主开门方向应一致。

9.4.5 挂墙安装的控制箱应安装在承重墙上或采取加固措施，安装高度应符合设计要求。

9.4.6 设备铭牌字迹应清晰完整、参数正确。

9.4.7 传感器、变送器、执行器、电动二通阀的安装除应符合现行国家标准《智能建筑工程施工规范》（GB 50606）和《自动化仪表工程施工及质量验收规范》（GB 50093）的有关规定外，尚应符合下列规定：

1 传感器、变送器、执行器、电动二通阀的外观应完整，附件应齐全，型号、规格及材质应符合设计要求。

2 传感器、变送器、执行器、电动二通阀的安装位置和方式应符合设计要求，安装应牢固、平整，安装时不得敲击及晃动。

3 传感器、变送器、执行器、电动调节阀应进行计量校验和标定。

9.4.8 风管式温湿度传感器宜在风管清扫干净后安装，安装完毕后应对传感器进行防护。

9.4.9 综合调度自动化系统的电源、接地和防雷应符合现行国家标准《建筑电气工程施工质量验收规范》（GB 50303）的有关规定。

9.4.10 综合调度自动化系统设备电源接线、设备接地、浪涌保护器设置应符合设计要求。

9.5 线缆端接

9.5.1 所有线缆应在两端进行标注，标注应包括起点、终点、类型和编号，标注应清晰完整。

9.5.2 动力电缆、控制电缆的线缆端接应符合现行国家标准《建筑电气工程施工质量验收规范》（GB 50303）的有关规定。

9.5.3 通信电缆的线缆端接应符合现行国家标准《综合布线系统工程验收规范》（GB 50312）的有关规定。

9.6 单机调试

9.6.1 设备上电前检查测试应符合下列规定：
1 设备室内温度、湿度应符合设计要求。
2 控制电缆、通信电缆应进行对线测试。
3 应进行各回路的绝缘检查，绝缘电阻值应符合设计要求，并做记录。当测绝缘电阻时，应有防止电子元件或设备被损坏的措施。
4 应进行设备接地保护线可靠性检查。对带有漏电保护装置的线路应做模拟动作试验，并做记录。漏电保护装置的动作应正常。

5　设备输入的交流电源、直流电源的电压等级应符合设计要求。

6　设备内的所有开关均应置于断开位置，开关的通断电状态均应有显示或警示标识。

7　设备上电后各设备指示灯工作应正常，各开关按钮、接触器、继电器的动作应正确。

9.6.2　设备的硬件配置、软件配置、网络地址设置、预置参数应符合设计要求。

9.6.3　设备中预装的软件登录应正常，应用程序、调试工具软件应运行正常。

9.7　施工安装验收

9.7.1　当进行施工安装验收时，应测试骨干网络、各车站、车辆段、停车场局域网络和现场总线的连通性。

9.7.2　施工质量的验收应符合下列规定：
1　隐蔽工程应在下道工序施工前进行100%验收。
2　线槽、线管、支架敷设质量抽检比例不应低于20%。
3　线缆敷设和端接质量抽检比例不应低于20%。
4　各类控制箱、柜、盘安装质量抽检比例不应低于20%且不应少于10台，当少于10台时应全部检查。
5　每种类型传感器安装质量抽检比例不应低于10%且不应少于10台，当少于10台时应全部检查。
6　每种类型执行器安装质量抽检比例不应低于10%且不应少于10台，当少于10台时应全部检查。

9.8　系统功能验收和性能验收

9.8.1　综合调度自动化系统功能验收应按中央级功能、车站级功能和互联系统功能分别验收。

9.8.2　综合调度自动化系统性能验收应对系统的响应性、系统设备、负荷率、系统容量进行验收。

9.8.3　综合调度自动化系统电力监控功能、模式控制功能及综合后备盘的功能应100%验收。

9.8.4 综合调度自动化系统车辆基地各项功能所涉及设备的抽测数不应少于该类设备总数的 5%，且不应少于 2 台设备。

9.8.5 互联系统功能验收应分别在中央级与车站级进行，且应逐项全部验收。当验证中央级互联功能时，抽测车站功能不应少于车站总数的 10%，且不应少于 2 个车站。

9.8.6 当进行性能验收时，抽测车站不应少于车站总数的 10%，且不应少于 2 个车站。抽测区间不应少于区间总数的 10%，且不应少于 2 个区间。每个车站或区间所涉及设备的抽测数不应少于该类设备总数的 5%，且不应少于 2 台设备。

10 自动售检票系统

10.1 一般规定

10.1.1 悬挂式单轨交通宜根据建设和经济发展状况设置不同架构/制式的自动售检票（AFC）系统。宜根据车站建筑规模、客流属性、行车组织等条件设置封闭式或开放式车站售检票运营模式。

10.1.2 AFC系统应满足线网运营和管理的需要。

10.1.3 AFC系统应建立统一的密钥系统和车票制式标准，根据运营需求，接入其他系统发行的车票。

10.1.4 AFC系统的设计能力应满足悬挂式单轨交通超高峰客流量的需要，并应按远期超高峰客流预留位置与安装条件，紧急情况下应符合人员紧急疏散要求。

10.1.5 AFC系统的设计应符合可靠性、安全性、可维护性和可扩展性要求。

10.1.6 AFC系统应具备用户权限管理的功能。

10.1.7 AFC系统应符合悬挂式单轨交通各种运营模式的要求。

条文说明

封闭式车站应设置紧急按钮控制器，并应与火灾自动报警系统联动。当车站处于紧急状态或检票机失电时，自动检票机阻挡装置处于释放状态。

10.1.8 AFC系统应选用操作简单、方便快速的设备，设备应具有连续24h不间断工作的能力。

10.1.9 AFC系统应按多层架构进行设计，并应遵循集中管理、分级控制、资源共享的原则。各层级应具有独立运行的能力。

10.1.10 清分系统宜结合整体规划、建设时序确定系统建设规模和分期实施方案。

10.1.11 AFC 系统进场施工前，房屋主体结构应已施工完成。

10.1.12 AFC 系统工程施工应符合现行国家标准《城市轨道交通自动售检票系统工程质量验收标准》（GB/T 50381）的有关规定。

10.1.13 AFC 系统施工质量验收单位工程、分部工程、分项工程、检验批划分宜符合本标准附录 A 中表 A.0.7 的要求。

10.2 设计

10.2.1 AFC 系统宜根据线网建设时序、线路规模进行总体架构设计，宜由清分系统、中央计算机系统、车站计算机系统、车站终端设备、传输通道和车票构成。采用与城市公共交通一卡通或其他小额支付储值卡互联互通的 AFC 系统宜设置清分系统。

10.2.2 AFC 系统宜采用车站、线路票务中心和清分中心三级管理模式。

10.2.3 清分系统、中央计算机系统、车站计算机系统等管理平台宜由各种服务器、操作员工作站、存储设备、打印机、网络设备和不间断电源等构成。

10.2.4 车站终端设备宜由半自动售票机、自动售票机、自动充值机、自动检票机、自动验票机、便携式验票机和车载式验票机等组成。车票宜分为单程车票、储值车票，车票媒介形式宜为实体或电子，以及根据实际需要设置其他票种。

10.2.5 AFC 系统宜根据线路规模大小设置维修测试系统。

10.2.6 网络宜采用清分中心、线路中心和车站三级组网，按整体规划，清分中心可与线路中心合设。

10.2.7 三级网络之间互连宜采用专用通信传输网或 AFC 系统自建传输通道进行数据通信。

10.2.8 各线路中央计算机系统应分别与清分系统连接，其网络通信接口应采用标准开放的通信协议。各独立网络系统间应设置安全系统。

10.2.9 AFC 系统宜设置互联网票务平台。

10.2.10 清分系统应具备下列功能：
1 设置和下发运行参数、票价表、黑名单及车票调配信息。
2 对运营模式进行管理。
3 具备客流统计、收益清分、对系统设备状态进行监视等功能。
4 对采集的数据进行处理，定期完成各种统计、清分和对账报表。
5 管理系统时钟同步和系统密钥。
6 车票编码分拣设备对系统发行的车票进行初始化、编码、分拣、赋值、校验及注销等。
7 接收和处理各线路中央计算机系统上传的各种交易数据。
8 灾备系统具备系统级或数据级的异地备份功能。

10.2.11 中央计算机系统应具备下列功能：
1 接受清分系统的运行参数、票价表、交易结算数据、账务数据清分、黑名单及接收、发送车票调配等信息。
2 对运营模式进行管理。
3 向清分系统上传各种原始交易数据、客流监视数据、设备状态数据，接收并转发清分系统的各种指令、安全认证数据等。
4 接收车站计算机系统上传的车站终端设备数据。
5 对采集的数据进行处理，定期完成各种统计报表。
6 向车站计算机系统和车站终端设备下发系统参数、运营模式安全认证数据及黑名单等。
7 对系统中运行参数的设置和更新进行管理。
8 在无清分系统的情况下，中央计算机系统还应具有本标准第10.2.11条中第2款、第4款～第7款的功能。

10.2.12 车站计算机系统应具备下列功能：
1 接受中央计算机系统下发的运行参数、运营模式安全认证数据及黑名单等，并下发给车站终端设备。
2 采集车站终端设备的原始交易数据、设备状态数据，并上传给中央计算机系统。
3 监视和控制车站终端设备。
4 完成车站票务管理工作和自动处理当天的所有数据和文件，并生成定期的统计报告。

10.2.13 维修测试系统应具备下列功能：
1 为运营人员提供有效的维修条件。
2 所有设备与正线上使用设备的功能一致。

10.2.14 自动检票机应具备下列功能：
1 检验车票的有效性，控制阻挡装置的动作，引导乘客进出站。
2 控制设备置于正常运行、故障停用、测试、检修、停止服务及特殊运行模式。
3 接受车站计算机系统的数据和控制指令，向车站计算机系统发送设备状态和交易数据。

10.2.15 半自动售票机应具备下列功能：
1 通过人工收费和操作设备出售车票，以及为乘客办理退票、补票、充值、验票和更换车票等手续。
2 控制设备置于正常运行、故障停用、测试、检修、停止服务及特殊运行模式。
3 接受车站计算机系统的数据和指令，向车站计算机系统发送设备状态和交易数据。

10.2.16 自动售票机应具备下列功能：
1 根据乘客所选到站地点或票价自动计费、收费、发售车票。
2 控制设备置于正常运行、故障停用、测试、检修、停止服务及特殊运行模式。
3 接受车站计算机系统的数据和指令，向车站计算机系统发送设备状态和交易数据。
4 具备相应的安全防范措施和非法使用报警装置。

10.2.17 自动充值机应能根据乘客所选定的充值金额，为乘客的储值票充值。

10.2.18 自动验票机、便携式验票机和车载式验票机应能对车票的相关信息进行查验。

10.2.19 互联网票务系统应具备下列功能：
1 互联网票务结算支付功能。
2 电子车票及密钥统一发行及管理功能。
3 系统的安全管理功能。

10.2.20 AFC系统应采用集中监控和统一的票务管理模式，统一线网票务政策、各种运营模式和票务运作方式，以及统一线网内车票的发行。

10.2.21 票制宜采用单一票制或计程制，也可根据运营需求采用与计时制、计次制等其他辅助票制相结合的方式。

10.2.22 AFC系统采用封闭式售票管理时，宜为非付费区售票和进入付费区检票的运营模式。

10.2.23 AFC系统采用开放式售票管理时，宜为车外售票与车内检票或车内售/检票的运营模式。

10.2.24 自动检票机的设置宜符合每组不少于2通道要求。

10.2.25 每个独立的付费区应至少设置一个双向宽通道自动检票机，宽通道自动检票机通道净距宜为900mm。

10.2.26 清分系统、灾备系统、中央计算机系统、车站计算机系统、车站终端设备的用电负荷应为一级负荷，维修测试系统的用电负荷宜为二级负荷。

10.2.27 AFC系统车站终端设备电源箱馈出回路宜带漏电保护。

10.2.28 AFC系统应采用综合接地，接地电阻不应大于1Ω。

10.2.29 车站终端设备、金属管、槽、接线盒、分线盒等应进行电气连接，并应可靠接地。

10.2.30 通信电缆应与电源电缆分管或分槽敷设，预埋管、槽、盒应防水、防尘，并应避开围栏立柱设置的位置。

10.3 管槽安装

10.3.1 管槽安装施工流程如图10.3.1所示。

10.3.2 金属配管预埋的施工应符合下列规定：
1 金属配管不应采用对口熔焊连接，镀锌和壁厚不大于2mm的钢导管不应采用套管熔焊连接。
2 当金属配管采用螺纹连接时，连接处的两端应接地连通。
3 镀锌钢导管、可挠性导管不应熔焊跨接接地线，使用专用接地卡跨接的两卡间连线为铜芯软导线时，截面积不小于4mm^2。

10.3.3 金属线槽出线盒、分向盒、接线盒处应采取防水、防尘措施，能承受车站地面相同的压力，并应符合设计要求。

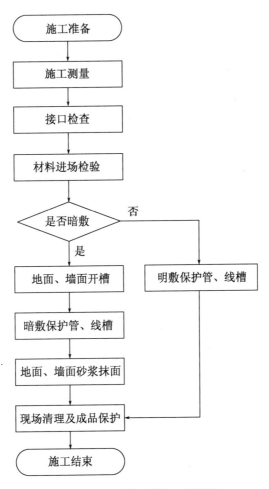

图 10.3.1 管槽安装施工流程图

10.3.4 金属线槽、金属导管、接线盒、分向盒应电气连接且可靠接地。

10.3.5 当金属线槽、金属导管及可挠性导管经过建筑物伸缩缝、沉降缝时，应采取保护措施。

10.3.6 线槽的施工安装应符合下列规定：
1 线槽应平整、内部光洁，加工尺寸应准确。
2 线槽应连接牢固，不应有变形。
3 明敷的直线段金属线槽长度超过30m时应设伸缩节。
4 线槽安装完成后应进行防水检测，线槽内不应有水分，检测达到要求后方可使用。

10.3.7 预制金属弯管时，弯成的角度不应小于90°。弯曲半径不应小于管外径的10倍，管弯处不应有裂缝和明显的弯扁。

10.3.8 暗配的金属导管填埋深度与建筑物、构筑物表面的距离不应小于15mm。金属导管应排列整齐，固定点间距应均匀，安装牢固。在金属导管的终端、弯头中点或柜、台、箱、盘等边缘的距离150～500mm范围内应设有管卡，中间直线段管间的最大距离应符合设计要求。

10.3.9 当金属导管管路较长或有弯时，宜加装分向盒。两个分向盒之间的距离应符合下列规定：

1 对无弯的管路，不应超过30m。
2 当两个分向盒之间有1个弯时，不应超过20m。
3 当两个分向盒之间有2个弯时，不应超过15m。
4 当两个分向盒之间有3个弯时，不应超过8m。

10.3.10 可挠性导管敷设应符合下列规定：

1 可挠性导管与金属导管或电气设备、器具间的连接应采用专用接头。可挠性导管的连接处应密封良好，防水覆盖层应完整无损。
2 可挠性导管不应作接地的接续导体。

10.4 线缆敷设

10.4.1 线缆敷设施工流程如图10.4.1所示。

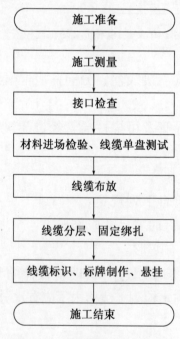

图10.4.1 线缆敷设施工流程图

10.4.2 强电电源、接地电缆与弱电数据、控制电缆应分管分槽敷设。线缆出入口处应做密封处理并符合防火要求。

10.4.3 数据线缆、控制电缆、电源电缆在管槽内敷设应符合下列规定：

1 管槽内线缆敷设应平直，不应有扭绞、打圈等现象，管槽内不应有接头。

2 线缆敷设时应留有一定裕量，在设备出线处根据实际情况预留。

3 敷设于水平线槽内的线缆，宜每隔 3～5m 绑扎固定。敷设于垂直线槽内的线缆宜每隔 2m 绑扎固定。

4 线缆两端及经过分线盒应有标签，标明线缆的起始和终端位置，标签应清晰、准确、牢固。

10.4.4 自动售检票系统的室内配线高度应一致，与其他管线交叉或穿越墙壁和楼板时应进行防护。

10.5 设备安装

10.5.1 设备安装施工流程如图 10.5.1 所示。

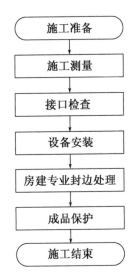

图 10.5.1 设备安装施工流程图

10.5.2 终端设备进场检验应符合本标准第 3.4.1 条和第 3.4.2 条的规定。

10.5.3 终端设备的安装应符合下列规定：

1 设备安装的通道宽度、安装位置应符合设计要求。

2 各类终端设备周围应留出足够的操作和维护空间。

3 设备安装垂直、水平允许偏差为 ±2mm，自动检票机水平间隔允许偏差为 ±5mm。设备、底座安装应牢固，底座与地面间应做防水处理。

4 安装于自动检票机上方的出入导向显示设备应安装牢固，安装位置应符合设计要求。

10.5.4 机房设备安装应符合下列规定：
 1 服务器、工作站、交换机、打印机、编码分拣机和机柜的型号、规格、质量和数量应符合设计要求。
 2 各种机柜插接件应插接准确、牢固。
 3 服务器、工作站、交换机、打印机和编码分拣机的安装应稳定、牢固，位置应准确，并应符合设计要求。
 4 机柜固定牢固、垂直、水平，允许偏差为±2mm。
 5 同列机柜正面位于同一平面，允许偏差为±5mm。
 6 设备的附备件应齐全完整。
 7 设备的机箱漆饰应良好，不应有严重脱漆和锈蚀。

10.5.5 紧急按钮安装应符合下列规定：
 1 紧急按钮的安装位置应符合设计要求。
 2 紧急按钮的安装应操作方便并有明显醒目的标志。
 3 引入电缆或引出线应采用屏蔽保护措施。

10.5.6 电源设备安装应符合下列规定：
 1 电源设备到达现场应对其型号、规格及容量进行检查，并应符合设计要求。
 2 配电柜各单元应插接良好，电气接触点应接触可靠、连接紧密。输入电源的相线和零线不应接错，其零线不应虚接或断开。
 3 配电箱体内元器件完好、齐全，配置性能应符合设计要求，安装牢固，箱底边距地面宜为1.5m。
 4 交流配电箱内，零线和保护线在零线和保护地线汇流排上连接，不应绞接，并有编号。
 5 UPS机柜、电池柜应固定在金属支架上，不应直接放置在防静电地板上。
 6 蓄电池架、电源柜布设应平稳、牢固、端正，安装垂直度允许偏差为±1.5‰。

10.5.7 电源布线应符合下列规定：
 1 电源线缆的型号、规格及数量应符合设计要求，电源线缆不应破损、受潮、扭曲、折皱，端子型号应正确。
 2 电源线缆与数据线缆和控制电缆分管分槽敷设。不同电压等级的线缆应分类布置，并应分别单独设槽、管敷设，在同一线槽内宜采用隔板隔开。
 3 电源线缆与数据线缆交叉敷设时宜成直角，平行敷设时，电源线缆与数据线缆的间距应符合设计文件要求。
 4 电源线连接到地面插座盒、墙上插座盒、多功能插座板的接线应正确，设备引出电源线的位置应合适。
 5 电源端子接线应正确，电源线缆两端的标志应齐全。直流电源线应以线色区别正、负极性，直流电源正、负极不应错接与短路，接触应牢固。交流电源线应以线色区别相线、零线、地线，不应错接与短路，接触应牢固。

10.5.8 设备配线应符合下列规定：
1 设备间配线线缆的规格、型号应符合设计要求。
2 设备间的配线线缆不应破损、受潮、扭曲、折皱。配线转弯的弯曲半径不应小于线缆直径的 5 倍，在进、出设备的部位和转弯处，应固定牢固。
3 设备间的配线线缆中间不应有接头，连接方式应符合设计要求。
4 设备间的线缆布放应平直整齐，绑扎应牢固。

10.6 防雷与接地

10.6.1 防雷与接地的施工应符合下列规定：
1 防雷、工作接地、保护地线与设备连接应符合设计要求。
2 接地方式、设备接地端子排列、地线接入及连接应符合设计要求。
3 接地铜排和螺栓、地线盘端子与室内接地连接导线连接应牢固、接触应良好。
4 接地装置的各种连接处，应镀锡过渡，焊接不应有假焊或虚焊现象，焊点应做防腐处理。
5 屏蔽接地要求数据电缆屏蔽层应单点接地。
6 接地连接绝缘铜芯导线截面积应符合设计要求。
7 金属线槽及其支架和引入或引出的金属导管应可靠接地。
8 配电箱接地保护应可靠，且应有标识。
9 接地连接导线布放不应有接头。
10 系统的雷电防护等级、防雷设施的设置位置、方式及数量应符合设计要求。
11 设备的接地线与工作地线及保护地线的连接应良好牢固。

10.6.2 接地的检测应符合下列规定：
1 电源设备带电部分与金属外壳间的绝缘电阻应大于 5MΩ。
2 电源线缆的芯线间和芯线对地的绝缘电阻应大于 0.5MΩ。
3 防雷设备的选用应符合设计要求，应出有资质的防雷测试单位进行检测，并应出具检测合格报告。
4 防雷接地与交流工作接地、直流工作接地、安全保护接地应共用接地体，接地装置的接地电阻值应按接入设备中要求的最小值确定，其接地电阻测试值不应大于 1Ω。

10.7 施工质量验收

10.7.1 自动售检票系统工程施工应符合现行国家标准《建筑电气工程施工质量验

收规范》(GB 50303)的有关规定。

10.7.2 设备安装质量应符合本标准第 10.5.2 条~第 10.5.6 条的规定。

10.7.3 布线质量应符合设计要求和本标准第 10.5.7 条和第 10.5.8 条的规定。

10.7.4 自动售检票系统调试应符合现行国家标准《城市轨道交通自动售检票系统工程质量验收标准》(GB/T 50381)的有关规定。

11 电扶梯、站台门

11.1 一般规定

11.1.1 电梯安装工程施工质量管理和验收，除应符合本章的规定外，尚应符合现行国家标准《电梯工程施工质量验收规范》（GB 50310）、《电梯安装验收规范》（GB/T 10060）、《电梯制造与安装安全规范》（GB 7588）、《电梯技术条件》（GB/T 10058）、《电梯实验方法》（GB/T 10059）、《电梯监督检验和定期检验规则》（TSG T7001）和《电梯、自动扶梯和自动人行道维修规范》（GB/T 18775）等的有关规定。

11.1.2 站台门工程设计施工应符合现行行业标准《城市轨道交通站台屏蔽门》（CJ/T 236）的有关规定。

11.1.3 电梯的施工单位及施工人员均应具有相应的从业资质。电梯工程施工前，施工单位应编制施工组织设计文件，经监理批准后，方可实施。电梯安装前，应由监理单位或建设单位、土建单位、安装单位共同对电梯井道和机房按电梯土建布置图及规范要求进行检查，对电梯安装条件作出确认。

11.2 电梯及自动扶梯设计

11.2.1 车站宜选用无机房电梯，自动扶梯宜采用重载型。

11.2.2 电梯设置不应跨付费区与非付费区。站内应至少有一个出入口设置电梯或自动扶梯，如出入口跨越两侧马路且不具备路面过街时，可在对应的两个出入口处设置垂直电梯或自动扶梯。

11.2.3 电梯及自动扶梯应在悬挂式单轨运营时间内连续运行。自动扶梯在任何3h间隔内应能以100%制动载荷连续运行不少于1h。

11.2.4 电梯的额定载重不应小于800kg。

11.2.5 电梯和自动扶梯的额定速度不应小于0.63m/s，宜采用1m/s。

11.2.6 电梯轿厢内外及自动扶梯应接受综合调度自动化系统的监控。

11.2.7 电梯及自动扶梯应采用就地控制方式和车站控制室控制，火灾时应实现消防联动控制。

11.2.8 电梯的各项设施应符合现行国家标准《无障碍设计规范》（GB 50763）的有关规定。

11.2.9 电梯应能实现车站控制室、轿厢内、轿厢顶、井道底坑、厅门检修柜之间的五方对讲功能。

11.2.10 当自动扶梯露天设置或仅有顶棚时，应选用室外型产品。

11.2.11 自动扶梯上下平台盖板及梯级表面应配有防滑措施。严寒地区应配有融雪设备。

11.2.12 自动扶梯与电梯机坑内应采用重力流排水。当无重力流排水条件时，应在机坑外设集水坑和配备排水设施。

11.2.13 当相邻两层门地坎间的距离大于11m时，其间应设置井道安全门。

11.2.14 自动扶梯的设置数量，应按远期超高峰客流量、提升高度以及客流量不均衡系数等通过计算确定。

11.2.15 当在同一部位上、下行均采用自动扶梯并分别满足上、下行正常疏散客流量，以及同部位又设有人行楼梯时，其梯宽最小宜取1.2m。

11.2.16 车站出入口的提升高度超过6m时，应设上行自动扶梯。超过12m时应设上、下行自动扶梯。站台至站厅应设上行自动扶梯，高差超过6m时，应设上、下行自动扶梯。分期建设时应预留后期建设的自动扶梯位置。

11.2.17 当自动扶梯穿越楼层，且扶手带中心至开孔边缘的净距小于400mm时，应设防碰撞安全标志。

11.3 站台门设计

11.3.1 悬挂式单轨交通车站宜设站台门，并应具备安装站台门系统的接口条件。

11.3.2 站台门的类型应根据气候环境条件、车站建筑形式、服务水平、通风与空调制式、运营组织模式等因素综合选定。

11.3.3 站台门系统的设计应遵循安全、可靠、可维护、可扩展的原则。

11.3.4 站台门系统装置应便于在站台侧进行维护、维修。

11.3.5 站台门不应作为防火隔离装置。

11.3.6 站台门的设置应符合限界的要求,并适应车辆灵活编组模式。

11.3.7 站台门应以站台有效长度中心线为基准对称纵向布置。滑动门应与列车门一一对应。滑动门的开启净宽度不应小于车辆门净开度加停车允许偏差。

11.3.8 站台门宽度不应小于1.2m。

11.3.9 对于呈坡度的站台面,站台门应随坡度设置,并应垂直于站台面。

11.3.10 站台门端部应设向站台内侧开启的端门,沿站台长度方向应设向内侧开启的应急门。

11.3.11 站台门应有明显的安全标志和使用标志。

11.3.12 站台门应采用一级负荷。

11.3.13 站台门应保证在最小行车间隔条件下每天不少于20h运行能力。

11.3.14 站台门由机械和电气两部分组成。机械部分包括门体、地槛、框架结构、手动解锁装置等。电气部分包括门监控装置、门电源装置、门驱动装置以及电气锁闭装置等。

11.3.15 站台门门体尺寸及布置,应符合车门尺寸和列车停车位置精度等要求。

11.3.16 站台门门体材料宜选用不锈钢或铝合金材料,玻璃应采用安全玻璃。

11.3.17 站台门的综合荷载应按人群荷载、风荷载、冲击荷载,以及地震力等设计。

11.3.18 站台门控制系统应保证在正常和非正常状态下的安全与可靠运行，在紧急状态下能保证乘客安全疏散。

11.3.19 站台门控制系统可采用集中或分散供电方式，同时应配备应急电源保证站台门系统所有滑动门不少于3次开关门动作。

11.3.20 站台门系统设备应符合使用地区的气候环境要求。

11.3.21 站台门的开关应与列车车门的开关协调一致。

11.3.22 站台门最小障碍物检测厚度不应大于8mm。物理或电气类障碍物监测适应全自动驾驶。

11.3.23 站台门的操作模式按其优先级顺序分为手动控制、就地控制和自动控制等。

11.3.24 站台门系统使用的绝缘材料、密封材料和所用的电线电缆均应采用无毒、低烟、阻燃，且不含有放射性成分的产品。

11.3.25 站台门的接地应可靠，且与车体、轨道梁应进行等电位连接。

11.3.26 站台门系统的配置及控制模式宜与车站其他系统相结合，并应符合各种运营模式的要求。

11.3.27 站台门设置区域不宜有变形缝。站台门跨越变形缝时其门体结构应采取相应的构造措施。

11.3.28 站台门电气控制设备的防护等级应与环境条件相适应。

11.3.29 站台门系统应符合电磁兼容性要求。

12 火灾自动报警系统

12.1 一般规定

12.1.1 悬挂式单轨交通应具有防火灾、水淹、风灾、冰雪、地震、雷击等灾害的预防措施,并以预防火灾为主。

12.1.2 承担气体灭火系统工程的施工单位应具有相应等级的资质。

12.1.3 火灾自动报警系统施工质量验收单位工程、分部工程、分项工程、检验批划分宜符合本标准附录 A 中表 A.0.8 的要求。

12.2 防烟、排烟与事故通风设计

12.2.1 悬挂式单轨交通应具备有效的防烟、排烟和事故通风系统。

12.2.2 高架车站宜采用自然排烟方式,当确实有困难时,应设机械排烟。

12.2.3 当采用自然排烟时,高架站公共区、设备与管理用房、内走道自然排烟口的净面积不应小于排烟区域建筑面积的 2%,且区域内任意一点到最近排烟口的最大水平距离不应超过 30m。常闭的排烟口/窗应设置自动和手动开启装置。

12.2.4 设置机械排烟房间的补风量不应小于排烟量的 50%。

12.2.5 设置排烟系统的场所或部位应采用挡烟垂壁、结构梁及隔墙等划分防烟分区。防烟分区不应跨越防火分区。高架车站的防烟、排烟与事故通风系统应符合现行国家技术标准《建筑防烟排烟系统技术标准》(GB 51251)的有关规定。

12.2.6 当防烟、排烟和事故通风系统与正常通风空调系统合用时,通风空调系统应采取防火措施,且应符合防烟、排烟系统的要求,并应具备事故工况下的快速转换功能。

12.3 防灾用电与疏散指示标志设计

12.3.1 消防用电设备应按一级负荷供电,并应在末级配电箱处设置自动切换装置,当发生火灾切断生产、生活用电时,消防设备应能正常工作。

12.3.2 防灾用电设备的配电设备应有紧急情况下方便操作的明显标志。

12.3.3 应急照明的连续供电时间不应少于1h,且其最低照度不应低于0.5Lx。

12.3.4 下列部位应设置疏散应急照明:
1 站厅、站台、自动扶梯及楼梯口。
2 疏散通道及安全出口。

12.3.5 应急照明和疏散指示灯用的电缆应采用耐火型或矿物电缆。

12.3.6 应急照明和疏散指示标志的供电电源,宜采用直流电源。

12.3.7 标志灯应设在醒目位置,应保证人员在疏散路径的任何位置、在人员密集场所的任何位置都能看到标志灯。

12.3.8 应设置疏散指示标志,指向标志灯及出口标志灯。

12.3.9 疏散通道方向标志灯的设置应符合下列规定:
1 当疏散通道两侧设置了墙、柱等结构时,方向标志灯应设置在距地面高度1m以下的墙面、柱面上。当疏散通道两侧无墙、柱等结构时,方向标志灯应设置在疏散通道的上方。
2 方向标志灯的标志面与疏散方向垂直时,特大型或大型方向标志灯的设置间距不应大于30m,中型或小型方向标志灯的设置间距不应大于20m。方向标志灯的标志面与疏散方向平行时,特大型或大型方向标志灯的设置间距不应大于15m,中型或小型方向标志灯的设置间距不应大于10m。

12.3.10 保持视觉连续的方向标志灯应符合下列规定:
1 应设置在疏散走道、疏散通道地面的中心位置。
2 灯具的设置间距不应大于3m。

12.3.11 方向标志灯箭头的指示方向应按照疏散指示方案指向疏散方向,并导向安全出口。

12.4 火灾自动报警系统设计

12.4.1 车站、区间、变电所、控制中心、车辆基地等建筑应设置火灾自动报警系统。

12.4.2 控制中心兼做全线防灾控制中心，火灾自动报警系统中央级应设在控制中心中央控制室。车站或车辆基地设防灾控制室，组成控制中心、车站两级管理，控制中心、车站二级控制模式。火灾自动报警系统的全线传输网络可利用公共通信传输网络，不单独配置。

12.4.3 火灾自动报警系统应能实现消火栓系统、自动灭火系统、防烟排烟系统，以及消防电源及应急照明、疏散指示、防火卷帘、电动挡烟垂帘、消防广播、售检票机、自动扶梯等系统在火灾情况下的消防联动控制。

12.4.4 火灾自动报警系统应设有自动和手动两种触发装置。

12.4.5 报警区域应根据防火分区和设备配置划分。

12.4.6 火灾探测器的设置部位应与保护对象的等级相适应。

12.4.7 探测区域的划分应符合下列规定：
  1 站厅、站台等大空间部位每个防烟分区应划分为独立的火灾探测区域。一个探测区域的面积不宜超过 1000m^2。
  2 其他探测区域的划分，应符合现行国家标准《火灾自动报警系统设计规范》（GB 50116）的有关规定。

12.4.8 火灾自动报警系统应设有主电源和直流备用电源。主电源的复合等级应为一级。

12.4.9 火灾自动报警系统图形显示装置、消防通信设备等的电源，宜由 UPS 电源装置或蓄电池型应急电源系统供电。

12.4.10 消防用电设备应采用专用的供电回路，其配电线路和控制回路宜按防火分区划分。

12.4.11 应分别用主电源和备用电源供电，检查火灾自动报警系统的各项控制功能和联动功能。

12.4.12 工作接地线应采用铜芯绝缘导线或电缆，不应利用镀锌扁铁或金属软管。工作接地线与保护接地线应分开，保护接地导体不应利用金属软管。

12.4.13 应采用专用的检查仪器对探测器逐个进行试验，其动作应准确无误。

12.4.14 线路暗配，电线保护管沿最近线路敷设，不应有接头或扭结。导线的接头应在接线盒内焊接或用端子连接。

12.4.15 不同系统、不同电压等级不同电流类别的线路不应穿在同一管内或线槽的统一槽孔内。

12.5 布线

12.5.1 所有预留孔、预埋件的尺寸，位置应符合设计要求。

12.5.2 布线应符合下列要求：
1 导线的规格型号应符合设计要求。
2 导线在管内或线槽内，不应有接头或扭结且内部干燥清洁。
3 在吊顶内的管路线槽，宜采用单独的卡具吊装或支撑物固定。直线段每隔1.0~1.5m和接头、转弯处应设置吊点或支点。
4 管线经过建筑物的变形缝处，应采取补偿措施。
5 导线敷设后应测试绝缘电阻。

12.5.3 引入火灾自动报警控制器的电缆或导线，应符合下列规定：
1 配线应整齐，避免交叉，并应固定牢靠。
2 电缆芯和所配导线的端部，均应表明编号，并与图纸一致，字迹清晰不易褪色。
3 端子板的每个接线端，接线不应超过2根。
4 导线应绑扎成束。
5 导线引入线穿线后，在进线管处应封堵。

12.5.4 线路暗配，电线保护管沿最近线路敷设，不应有接头或扭结。导线的接头应在接线盒内焊接或用端子连接。

12.5.5 不同系统、不同电压等级不同电流类别的线路不应穿在同一管内或线槽的同一槽孔内。

12.5.6 系统的布线除应符合本标准上述规定外，尚应符合现行国家标准《建筑电气工程施工质量验收规范》（GB 50303）的有关规定。

12.5.7 系统导线敷设结束后，采用500V兆欧表测量每个回路导线对地的绝缘电阻，绝缘电阻值不应小于20MΩ。

12.6 系统部件安装

12.6.1 火灾自动报警系统部件进场验收应符合本标准第3.4.1条和第3.4.2条的规定。

12.6.2 控制与显示类设备的安装应符合下列规定：
　　1　设备应安装牢固，不应倾斜。
　　2　安装在轻质墙上时，应采取加固措施。
　　3　落地安装时，其底边宜高出地面100~200mm。

12.6.3 探测器的安装应符合现行国家标准《火灾自动报警系统施工及验收规范》（GB 50166）的有关规定。

12.6.4 消防应急广播扬声器、火灾警报器、喷洒光警报器、气体灭火系统手动与自动控制状态显示装置的安装应符合下列规定：
　　1　扬声器和火灾声警报装置宜在报警区域内均匀安装，扬声器在走道内安装时，距走道末端的距离不应大于12.5m。
　　2　火灾光警报装置应安装在楼梯口、消防电梯前室、建筑内部拐角等处的明显部位，且不宜与消防应急疏散指示标志灯具安装在同一面墙上，确需安装在同一面墙上时，距离不应小于1m。
　　3　气体灭火系统手动与自动控制状态显示装置应安装在防护区域内的明显部位，喷洒光警报器应安装在防护区域外，且应安装在出口门的上方。
　　4　采用壁挂方式安装时，底边距地面高度应大于2.2m。
　　5　应安装牢固，表面不应有破损。

12.6.5 其他系统部件安装应符合现行国家标准《火灾自动报警系统施工及验收规范》（GB 50166）的有关规定。

12.7 系统接地

12.7.1 火灾自动报警系统与接地装置的安装位置及连接应符合设计要求。

12.7.2 工作接地线应采用铜芯绝缘导线或电缆,不应利用镀锌扁铁或金属软管。工作接地线与保护接地线应分开,保护接地导体不应利用金属软管。

12.7.3 火灾自动报警系统接地应符合现行国家标准《电气装置安装工程接地装置施工及验收规范》(GB 50169)的有关规定。

12.8 系统调试

12.8.1 火灾自动报警系统调试应符合下列要求:
1 应采用专用的检测仪器或模拟火灾的方法,逐个检查每只火灾探测器的报警功能,探测器应能发出火灾报警信号。
2 对于不可恢复的火灾探测器应采取模拟报警方法逐个检查其报警功能,探测器应能发出火灾报警信号。
3 调试前应切断火灾自动报警控制器的外部控制连线,并将火灾探测器连接后,方可接通电源。
4 控制器基本功能应符合现行国家标准《火灾报警控制器》(GB 4717)的有关规定。

12.8.2 应分别用主电源和备用电源供电,检查火灾自动报警系统的各项控制功能和联动功能。

12.8.3 火灾自动报警系统调试运行应符合下列规定:
1 应连续运行110h及以上。
2 报警、故障信号应准确,联动设备动作的反馈信号应是设备动作的真实信号。
3 火灾自动报警系统报警回路响应时间小于1s,其联动设备的动作响应时间不应超过110s。
4 消防控制室内,应设置能自动拨号到市话网火警119的通信设备及与消防泵房、避难层等处通话的固定通信设备。消防电话通话声音应清晰。

12.8.4 火灾确认试验时,联动相关设备控制应符合下列要求:
1 应根据防烟分区及火灾工况的设定,对相关风机进行控制。
2 与排风系统共用的双速风机排烟系统,不论排风、烟风机处于关闭状态还是低速运转状态,均应转换到排烟运行状态,同时关闭相应排烟分区的排风口,开启排烟口。
3 常开防火门的连锁应释放,自动关闭,根据火灾部位,将相关区域的站台门系统解锁。

12.8.5 火灾确认试验时,联动设备控制应符合下列要求:
1 启动消防泵、喷淋泵,预作用系统、雨淋系统、水幕系统和水喷雾灭火系统的雨淋报警阀组应开启。

2 应切断相应防火分区的空调系统，火灾时，空调系统应全部停止运行。与空调回风系统共用风管的排烟系统，关闭相应的通风、空调机组及前端的风阀，开启相应排烟分区的排烟风机及对应的排烟口。

3 用作防火分隔的防火卷帘应下降到底。疏散通道上的防火卷帘在感烟探测器动作后卷帘下降至距地面1.8m的高度，感温探测器动作后卷帘应下降到底。

4 防火分区内所有的电梯应强制迫降至疏散层。电梯门在火灾报警信号消除前应保持敞开，消防电梯专用功能不应受限制。

5 相应防火分区非消防电源应切断，消防电源不应受影响。

6 接通警报系统与安防通信系统广播，其顺序应符合规范要求。安防通信系统广播应能自动播放引导人员安全疏散的内容。

7 建筑安防通信系统广播应有两种以上引导人员安全疏散的语言。消防控制室内应能通过按钮人工选择楼层、防火分区开启安防通信系统广播，进行人工播音或播放录音。消防控制室门口外宜设音量监听用安防通信系统广播扬声器。

8 站内自动售检票系统的检票机应全部落杆，扇门全部打开。

9 站台门系统应全部开启，所有门全开。

12.9 施工质量验收

12.9.1 火灾自动报警系统除应符合本标准的规定外，尚应符合现行国家标准《火灾自动报警系统施工及验收规范》（GB 50166）的有关规定。

12.9.2 系统的联动控制应符合设计要求。

12.9.3 线缆选材应符合设计要求，根据使用场所的不同选用低烟、无卤、阻燃或耐火的线缆。暗敷宜采用阻燃线缆，明敷宜采用耐火线缆。

12.9.4 在电缆桥架或支架电缆上敷设的感温电缆，应采用接触式布置，每隔1.8m应敷设有一个正弦波，并用阻燃扎带牢固绑扎于电力电缆上。地下室的感温电缆和感温光缆应水平敷设在地下室顶上。

12.9.5 探测器、模块箱安装位置及间距应符合设计要求。

12.9.6 手动火灾报警按钮安装应牢固，并不应倾斜。其外接导线应留有不小于100mm的裕量，且端部应有明显标志。

12.9.7 火灾自动报警控制器的固定应牢固，当安装在轻质墙上时，应采取加固措施。

12.9.8 火灾自动报警控制器的主电源应直接从消防双电源自切箱内的空气开关下桩头引入，不应使用电源插头。主电源应有明显标志。主电源和备用电源的容量应符合设计要求，并应能自动切换。

12.9.9 消防控制设备盘、柜安装应符合下列规定：
1 设备面盘前的正面操作空间：单列布置时不应小于1.5m，双列布置时不应小于2m。在值班人员经常工作的一面，控制盘前空间距离不应小于3m。
2 设备盘和柜内不同电压等级、不同电流的类别的端子应分开，外接导线的端部均应有明显标志。
3 控制器的接地应符合现行国家标准《建筑电气工程施工质量验收规范》（GB 50303）的有关规定。

12.9.10 火灾自动报警控制器安装应符合下列规定：
1 控制器在墙上安装时，其底边距地面高度宜为1.3~1.5m，落地安装时，其底宜高出地坪0.1~0.2m。
2 控制器靠近其门轴的侧面距离不应小于0.5m，正面操作空间不应小于1.2m。

12.9.11 消防泵及喷淋泵应敷设专用电线缆，通过消防主机的控制面板或IBP盘应能够对其进行启停控制并反映其运行及故障状态。

12.9.12 排烟风机和正压送风机应敷设专用电线缆，通过消防主机的控制面板或IBP盘应能够对其进行启停控制并反映其运行及故障状态。

12.9.13 气体灭火系统及防火卷帘门应有感烟、感温两级报警输出信号。

12.9.14 应对每个探测器、报警器进行试验，其动作应正确无误。

12.9.15 火灾自动报警系统的电源质量验收应符合下列规定：
1 电源自动转换和备用电源的自动充电功能应正常。
2 分别采用主电源和备用电源供电，系统的各项报警功能、控制功能和联动功能应正常。

12.9.16 交流供电和36V以上直流供电的消防用电设备的金属外壳应有接地保护，接地线应与电气保护接地干线相连接。

12.9.17 接地装置施工完毕后，应按规定测量接地电阻，并作记录。

13 安全防范

13.1 一般规定

13.1.1 重要部位应设计安全防范系统，系统的建设应纳入轨道交通工程总体规划，并开展综合设计，同步建设，统筹兼容。

13.1.2 安全技术防范系统的设计程序应符合现行国家标准《安全防范工程技术标准》（GB 50348）和《城市轨道交通公共安全防范系统工程技术规范》（GB 51151）的有关规定。

13.1.3 安全防范系统中应用的产品，应符合国家和行业标准，以及公安管理部门的有关要求。

13.1.4 安全防范系统设计宜由入侵报警系统、门禁系统、电子巡查系统、安全检查系统等组成。

13.1.5 安全防范系统施工质量验收单位工程、分部工程、分项工程、检验批宜符合本标准附录 A 中表 A.0.9 的要求。

13.2 入侵报警系统设计

13.2.1 入侵报警系统的设计应能符合《入侵与紧急报警系统技术要求》（GB/T 32581）等有关标准的要求。

13.2.2 入侵报警系统的设计应根据各类建筑的使用功能、建设标准及管理的需要确定系统的模式、系统相应配置的组合和系统功能相应达到的等级。

13.2.3 入侵报警系统对外联络除应以现场声、光报警的方式外，尚应向远端报警接收中心或有关部门发送报警信息。

13.3 门禁系统设计

13.3.1 门禁系统工程的设计应符合现行国家标准《出入口控制系统技术要求》（GA/T 394）的有关规定。

13.3.2 门禁系统的工程设计应综合应用编码与模式识别、有线/无线通信、显示记录、机电一体化、计算机网络、系统集成等技术，构成先进、可靠、经济、适用、配套的门禁应用系统。

13.3.3 门禁系统工程的设计，应符合下列要求：
1 根据防护对象的风险等级和防护级别、管理要求、环境条件和工程投资等因素，确定系统规模和构成。根据系统功能要求、出入目标数量、出入权限、出入时间段等因素来确定系统的设备选型与配置。
2 门禁系统的设置应符合消防规定的紧急逃生时人员疏散的有关要求。
3 供电电源断电时系统闭锁装置的启闭状态应符合管理要求。
4 执行机构的有效开启时间应符合出入口流量及人员、物品的安全要求。
5 系统前端设备的选型与设置，应符合现场建筑环境条件和防破坏、防技术开启的要求。
6 系统兼容性应符合设备互换的要求，系统可扩展性应符合简单扩容和集成的要求。

13.4 电子巡查系统设计

13.4.1 电子巡查系统工程设计应符合现行国家标准《电子巡查系统技术要求》（GB/T 644）的有关规定。

13.4.2 电子巡查系统工程设计应有适当的超前性，可选用的设备应有互换性，为系统的增容和改造留有裕量。

13.4.3 电子巡查系统工程设计宜对预定的巡查区域、巡查路线，系统应能准确反映正常巡查、异常巡查的详细结果。对每个巡查点应能准确反映时间、地点、人员信息，对于在线式电子巡查系统，如在预定时间内没有收到预定巡查信息应能警示。

13.5 安全检查系统设计

13.5.1 旅客进站前端宜设置安全检查系统，应包含 X 射线安全检查设备、手持金属探测器、爆炸物检测仪、毒气检测仪等设备。

13.5.2 安全检查系统工程的设计应对规定的爆炸物、武器或其他违禁物品进行实时、有效的探测、显示、记录和报警。

13.6 防雷及接地设计

13.6.1 安全防范系统监控中心设备采用专用接地装置时，其接地电阻不宜大于4Ω，采用综合接地网时，其接地电阻不宜大于1Ω。

13.6.2 安全防范系统监控中心接地应符合下列规定：
1 屏蔽线宜采用单点接地方式。
2 安全防范系统的接地母线应采用铜导体，接地端子应有接地标识。
3 接地线不应形成封闭回路，不应与强电零线短接或混接。

13.6.3 监控中心内应设置等电位连接母线，该等电位连接母线应与建筑物防雷接地、低压配电保护线PE线、设备保护地、防静电地板等连接。

13.6.4 电涌保护器的接地线应以最短的距离与等电位连接母排进行电气连接。

13.6.5 镀锌钢管、金属软管、金属接线盒外壳等金属物均应可靠接地。

13.7 入侵报警系统施工

13.7.1 入侵探测器安装应符合下列规定：
1 外探测器安装时应避开警戒范围内的干扰物。
2 微波多普勒探测器安装时不应对准闪烁的日光灯、水银灯等气体放电光源，不应对准运动或可能运动的物体，不应对准玻璃等易被微波穿透的物体。
3 震动探测器应安装在远离震动源的地方。

13.7.2 各项工程接口条件应符合有关技术标准，并相互确认。

13.8 门禁系统施工

13.8.1 设备在运输、保管期间应防止受潮、倾倒或遭受机械损伤，并应符合产品的有关技术要求。

13.8.2 室内线路的布线应做到短捷、安全可靠，减少与其他管线的交叉跨越。

13.8.3 槽内同时敷设多条线缆时应互不交叉，不应出现强弱电电缆交叉，不应出现背扣、急弯现象。

13.9 电子巡查系统施工

13.9.1 电子巡查设备安装应符合下列规定：
1 电子巡查信息开关钮应按设计要求安装在各出入口或其他需要巡查的站点上。
2 电子巡查信息开关钮安装位置应符合设计要求，安装平正牢固，户外应有防水、防破坏措施。

13.9.2 单机调试应符合下列规定：
1 调试方案编制完成并应通过相关单位审核。
2 安装设备的规格、型号、数量、备品备件应符合设计要求。
3 供电设备的电压、极性、相位等应符合设备技术文件的要求。

13.10 安全检查系统施工

13.10.1 安全检查系统施工应符合设计有关要求。

13.10.2 设备的进场验收、安装与配线应符合本标准第7.13节有关规定。

13.10.3 设备安装应符合本标准第7.13节的有关规定。

13.11 防雷及接地施工

13.11.1 前端设备防雷接地电阻不宜大于1Ω。前端设备位于接闪器有效保护范围之内。

13.11.2 电涌保护器的接地线应以最短的距离与等电位连接母排进行电气连接。

13.11.3 镀锌钢管、金属软管、金属接线盒外壳等金属物均应可靠接地。

13.12 入侵报警系统施工质量验收

13.12.1 设备安装质量应符合设计及有关技术文件要求。

13.12.2 布线质量应符合设计要求和本标准第 7.13.13 条的规定。

13.12.3 入侵报警系统调试应符合系统设计文件和产品说明书的有关要求，结果应符合设计要求。

13.13 门禁系统施工质量验收

13.13.1 设备安装质量符合设计及有关技术文件要求。

13.13.2 布线质量应符合设计要求和本标准第 7.13.13 条的规定。

13.13.3 门禁系统调试应符合设计有关要求和本标准联调联试有关要求，结果应符合设计要求。

13.14 电子巡查系统施工质量验收

13.14.1 设备安装质量应符合设计及有关技术文件要求。

13.14.2 布线质量应符合设计要求和本标准第 7.13.13 条的规定。

13.14.3 电子巡查系统调试应符合设计有关要求和本标准联调联试有关要求，结果应符合设计要求。

13.15 安全检查系统施工质量验收

13.15.1 设备安装质量应符合设计及有关技术文件要求。

13.15.2 布线质量应符合设计要求和本标准第 7.13.13 条的规定。

13.15.3 安全检查系统调试应符合下列规定：
1 应按系统设计文件和产品说明书进行检查并调试。
2 检查并调试系统的探测范围、灵敏度、误报率、漏报率、报警状态后的恢复功能与指标，应符合设计要求。
3 应在各种不同的空气流动模式下分别进行调试。
4 安全检查系统调试应符合设计有关要求和本标准联调联试有关要求，结果应符合设计要求。

13.16 防雷及接地施工质量验收

13.16.1 接地装置材质及安装位置应符合设计文件要求。

13.16.2 接地装置的接地电阻应符合设计要求。

13.16.3 防雷及接地施工质量验收应符合本标准第7.34节和第8.22节的有关规定。

14 系统联调与试运行

14.1 一般规定

14.1.1 机电系统联调与试运行的目的应为通过系统功能测试检验、运行图参数测试、故障模拟、应急救援演练、按图行车，检验各系统在正常与非正常条件下运输组织的适应性，验证行车组织方式能否符合运营要求。检验设备故障和自然灾害条件下的应急处理能力。

14.1.2 系统联调与试运行应包括系统功能测试检验、应急演练、试运行达到的要求。

14.1.3 系统联调与试运行应按审核项目基础条件、系统功能测试检验、应急与演练、试运行等程序进行。

14.1.4 系统联调与试运行完成并通过第三方组织的初期运营前安全评估后方可投入初期运营。

14.2 系统联调前提条件

14.2.1 项目工程验收前应符合下列前提条件：
1 项目所含单位工程均已完成设计及合同约定的内容，并通过单位工程验收。对不影响运营安全及使用功能的缓建、缓验项目已经相关部门同意。
2 单位工程质量验收提出的遗留问题、住房城乡建设行政主管部门或其委托的工程质量监督机构责令整改的问题已全部整改完毕。
3 设备系统经联合调试应符合运营整体功能要求。
4 已通过对试运行有影响的相关专项验收。

14.2.2 工程结构系统联调前应符合下列条件：
1 区间、车站及车场的轨道梁应通过限界检测和验收，设施设备应无侵限现象。线路上运行的车辆等均不应超出所运行线路的限界。
2 车站应设置醒目的安全警示标志、导向标志、无障碍设施等，车站禁入区域应有明确标志，并设有阻挡外界人、物进入的防范设施。

3 应建立结构工程的沉降监测系统，对结构的沉降进行实时监测。

4 当区间上跨道路净空高度不大于8m时，应设有限高标志和限界防护架。当墩柱有可能受外界撞击时，应设防止墩柱受撞击的保护设施。

5 车站、控制中心、变电所等工程应符合消防、环保、抗震、防雷和防淹等要求。

14.2.3 线路和轨道工程系统联调前应符合下列条件：

1 信号标志等设施应符合现行国家标准《地铁设计规范》（GB 50157）的有关规定，并应配置齐全、标志清晰、牢固可靠。

2 不应有妨碍行车瞭望的构筑物、树木和其他物体。

3 正线或车场尚未使用的道岔应采取切实可行的安全防护措施。

4 轨道工程尽端应设置车挡。

5 在严寒和寒冷地域，道岔应采取防冰冻措施。

14.2.4 车辆系统联调前应符合下列条件：

1 应完成列车型式试验和例行试验，提交的测试报告结果应合格。

2 车内安全标志、引导标志、无障碍设施、广播设备、灭火器、安全锤、乘客紧急通话装置、空中逃生标志和设备、乘客服务信息等应设置齐全。

3 车辆应配备符合道路交通法规要求的前照灯、示宽灯、方向指示灯、尾灯、后视镜和图像记录仪。

14.2.5 供电系统联调前应符合下列条件：

1 电力监控系统应具备对全线供电系统设备的遥控、遥信、遥测和遥调功能。

2 应完成电气元件开关的整定值校核。

3 应急照明、应急电源和电能计量装置的配置应符合现行国家标准《城市轨道交通技术规范》（GB 50490）的有关规定。

4 供电系统与城市电网的管理分界处应设有隔离开关或断路器。

5 交流电气设备的接地应可靠，接地装置的接触电压和跨步电压应符合现行国家标准《交流电气装置的接地设计规范》（GB/T 50065）的有关规定。

6 接地安全标志应齐全清晰，安全工具应放置到位。

14.2.6 通信及信号系统联调前应符合下列条件：

1 通信各子系统应符合现行国家标准《城市轨道交通通信工程质量验收规范》（GB 50382）和《城市轨道交通技术规范》（GB 50490）的有关规定。

2 无线通信系统信号覆盖度和场强测试应合格。

3 视频监控摄像机应具备存储功能，存储内容保存时间不应少于90d。

4 无线调度、广播等重要语音应录音，录音设备宜集中设置，录音保存时间不应少于90d。
5 通信及信号系统应进行144h连续测试。
6 信号系统应取得可空载运行的安全证书。
7 信号系统应能显示车辆位置，并应具备显示、控制道岔和记录回放功能。
8 控制中心与轨旁设备、车载设备间的安全控制信息传递应安全可靠。
9 应完成车场、车站和正线系统之间的相关接口调试。

14.2.7 消防及给排水系统联调前应符合下列条件：
1 消防及给排水系统应符合现行国家标准《城市轨道交通技术规范》（GB 50490）的有关规定。
2 消防器材和消防泵房内相关设备应配置齐全，消火栓箱门应有闭锁装置。
3 给水系统宜采取防冻措施，生活用水应具有水质检测合格报告。

14.2.8 车场系统联调前应符合下列条件：
1 车场周界宜设围蔽设施，有电区和无电区之间应有隔离设施和警示标志。
2 库内车顶作业平台两侧应设安全防护设施，车顶作业面上方宜设安全防护设施。
3 车场应具备配属列车停放、调试的条件，并应具备运营阶段必要的设备、材料、抢修和救援器材，以及存放设施。
4 车场内安全生产标志标牌应安装到位。

14.2.9 试运行前应先进行储电运行再进行供电运行。储电运行应从低到高逐步提速，结构、系统设备、设施等应符合限界要求。轨道梁、道岔、线路、接触轨应符合设计要求。

14.2.10 供电运行应按设计速度和最高速度运行，并应符合下列规定：
1 轨道梁、接触轨在动荷载作用下位置、结构牢固、可靠程度应符合设计标准。
2 供电系统设备应符合列车运行的需求，稳定性、可靠性应符合设计要求。
3 通信及信号系统设备在使用中各项功能应符合设计要求。

14.3 系统功能测试检验

14.3.1 试运行前应对车辆、供电、通信及信号系统、综合调度自动化系统、火灾自动报警和环境与设备监控等系统进行抽查测试检验。

14.3.2 供电系统应按表14.3.2的运行模式进行测试检验。

表 14.3.2 供电系统各种运行模式测试检验表

调试项目	调试方式	测试内容	配合要求	记录方法
大双边越区供电方式测试	模拟中间车站牵引所故障退出运行，实行大双边越区供电方式，由相邻两座车站牵引所越区供电，对相邻两座车站牵引所供电能力及直流参数测试	①测量相邻两座车站牵引所直流馈线列车启动电流波形；②测量相关直流系统参数	①行车需求：测试时按试运营行车间隔行车；②全线各站各类负荷全部投入正常使用	①用电力监控系统工作站观察；②用示波器等仪器设备在站内测量和记录；③列车启动时记录直流馈线开关最大电流，相关系统参数每半小时记录一次

14.3.3 通信传输系统与关联系统应测试检验下列核心功能：

1 模拟光纤断裂引起的传输光纤环路中断。
2 模拟车站传输节点故障引起的传输光纤环路中断。
3 模拟运营控制中心传输节点故障引起的传输光纤环路中断。

14.3.4 通信时钟系统与关联系统应测试检验下列内容：

1 正常工作时相关各系统情况。
2 中心主备母钟切换。
3 使用中心母钟晶振工作。
4 通信时钟系统运行正常，确定相关各系统可以正确接收到标准通信时间信号，并可进行校准。
5 在中心主用母钟工作的情况下，人工切换到备用母钟工作状态，确定相连的其他各系统可以正常接收到标准通信时间信号，并可进行校准。
6 各系统确定完毕后，切换到主用母钟工作状态，再次确定相连的其他各系统可以正常接收到标准通信时间信号，并可进行校准。
7 断开中心母钟标准时间信号源 GPS 标准时间信号，使用中心母钟晶振工作。确定相连的其他各系统可以正常接收到通信时间信号，并可进行校准。
8 各系统确定完毕后，重新接回中心母钟标准时间信号源北斗/GPS 标准时间信号，确定相连的其他各系统可以正常接收到通信时间信号，并可进行校准。
9 人工关闭主备中心母钟电源，模拟中心母钟工作失效，无法提供时钟信号源，手动改变各系统时间，5min 后开启主备中心母钟电源，时钟系统恢复正常工作后，检查各相关系统能正常接收通信时间信号源，并可进行校准。

14.3.5 信号系统功能应按下列静态和动态测试检验：

1 静态测试应按表 14.3.5-1 进行，并应符合相应要求。

表 14.3.5-1 信号系统静态测试检验表

序号	测试步骤
1	排列进路，检查中央、车站工作站上的进路元素是否与进路表一致，同时检查现场的信号机、区段、道岔位置与进路表是否一致
2	按压紧急停车按钮，是否导致相关信号机关闭
3	开闭安全门，检验信号开闭
4	进路建立后，检查敌对进路能否建立
5	单独锁闭该进路上的信号机、区段、道岔等某一信号，检查进路能否建立
6	开启折返模式，锁闭折返进路中的相关元素，折返模式应失效

2 信号系统应按表 14.3.5-2 进行动态测试，并应符合相应要求。

表 14.3.5-2 信号系统动态测试检验表

序号	测试步骤	备注
1	1 列车，在测试区域运行第一圈过程中，人工排列每一条进路，检查列车占用并出清后进路能否正常解锁	分区测试
2	第二圈，人工排列车每一条进路，检查进路区段占用时，始端信号机能否开放引导	分区测试
3	第三圈，人工排列车每一条进路，检查接近区段占用时，取消该进路，该进路延时解锁时间是否与进路表一致	分区测试
4	第四圈，人工排列车每一条进路，检查列车在保护区段前方停车后，保护区段延时解锁时间与进路表一致	分区测试
5	1 列车，全线运行，检查进路能否正常建立、占用、出清、解锁	全线测试
6	2 列车系统能力相隔 5min 全线运行，检查追踪运行时各自进路能否正常建立、占用、出清、解锁状态，且在端点站能否有效折返，无阻塞现象	全线测试
7	打开折返模式，检查列车是否能触发相应的折返进路，列车在人工折返过程能自动触发和解锁相关进路	结合上述步骤测试

14.3.6 综合调度自动化系统与火灾自动报警系统（FAS）应按表 14.3.6 进行测试检验，并应符合相应要求。

表 14.3.6 综合调度自动化系统与火灾自动报警系统（FAS）测试检验表

序号	测试内容	测试步骤
1	综合调度和 FAS 通信功能调试	检查综合调度是否可以正常监控 FAS 的设备信息
2	综合调度与 FAS 对防排烟系统监控功能调试	测试确认消防风阀、电动排烟口、电动风口、风机等启停控制、巡检、故障信号模拟、就地远方控制切换等操作是否与现场一致

表 14.3.6（续）

序号	测试内容	测试步骤
3	综合调度与 FAS 对气体灭火系统监控功能调试	测试确认综合调度是否能正确显示监视气体自动灭火系统的运行状态，并验证气体保护房间的联动功能是否实现
4	综合调度与 FAS 对消防水系统监控功能调试	测试确认消火栓泵、喷淋泵、电动蝶阀、湿式报警阀和水流指示器等启停控制、巡检、故障信号模拟、就地远方控制切换等操作是否与现场一致
5	综合调度与 FAS 对水喷雾系统监控功能调试	测试确认细水雾泵和稳压泵启停控制、巡检、故障信号模拟、就地远方控制切换等操作是否与现场一致
6	综合调度与 FAS 对动照系统监视功能调试	测试确认综合调度是否能正确显示感温电缆、光纤、感烟探测器的报警信息，并测试对公共区和出入口应急照明开关控制信号是否与综合调度面板显示一致

14.3.7 综合调度自动化系统与站台门系统（PSD）应按表 14.3.7 进行测试检验，并应符合相应要求。

表 14.3.7 综合调度自动化系统与站台门系统（PSD）测试检验表

序号	测试内容	测试步骤
1	站台门的状态和故障测试	①PSD 专业检查供电系统、驱动电源、控制电源、中央控制器 PLC 的状态并反馈给综合调度，综合调度核实人机界面上的状态是否与现场一致。 ②现场给出供电系统故障，检查 PSD 系统设备运行状态，在综合调度人机界面上查看是否收到故障报警信息。恢复供电正常，检查 PSD 系统设备运行状态，在综合调度人机界面上查看故障状态是否解除。依次给出驱动电源、控制电源、中央控制器故障状态，查看 PSD 和人机界面是否符合预期结果，恢复正常状态。 ③在 PSL 操作盘上，将旋钮设置到允许状态，分别对滑动门进行开、关操作，并反馈给综合调度，综合调度检查人机界面上的显示是否与现场相符。 ④信号系统模拟列车到站信号，检查主控机是否收到列车到站信息并下发开门命令，在综合调度人机界面上查看是否收到信息、门的状态是否与现场情况相符。信号系统下发关门指令，检查主控机是否收到命令并执行，在综合调度人机界面上查看收到的信息，以及门的状态是否正确。 ⑤现场模拟滑动门故障，反馈至综合调度，综合调度检查人机界面是否为故障状态。 ⑥在就地控制盒上设置滑动门为自动状态，综合调度检查人机界面显示是否正确。依次设置为隔离、手动状态，检查执行结果是否达到预期效果。 ⑦操作应急门上的隔离开关，将其打到隔离状态，检查综合调度人机界面显示是否有报警信息产生。恢复正常，检查报警是否消除。对应急门进行开关操作，检查界面显示是否与现场相符。 ⑧对端门进行开关操作，检查综合调度人机界面状态显示是否正确。现场模拟故障状态，检查是否有报警信号反馈至综合调度界面上
2	对时功能	①综合调度修改系统时间并下发至 PSD 系统。 ②PSD 查看收到的时间并反馈给综合调度，综合调度核查时间是否一致

14.4 应急和演练

14.4.1 为应对突发事件，系统联调应配合建设单位制定下列应急预案：
1 应对设施设备故障、火灾、列车相撞和突发客流等的应急预案。
2 应对地震、台风和地质灾害等的应急预案。
3 应对突发公共卫生事件的应急预案。
4 应对人为纵火、爆炸、投毒和核生化袭击等恐怖袭击事件的应急预案。
5 空中安全疏散和救援应急预案。

14.4.2 在试运行前应配合建设单位进行下列应急演练：
1 道岔故障处理、手动操作道岔办理进路、站台门故障、列车故障救援、电话闭塞和大小交路列车折返等演练。
2 突发停电事故演练。
3 火灾、爆炸事故演练。
4 突发大客流演练。
5 列车相撞事故模拟演练等。
6 空中安全疏散和救援应急演练。

14.5 试运行

14.5.1 试运行不应少于三个月，连续20d应按初期运营开通时列车时刻表行车。

14.5.2 试运行期间，每列车运行里程不应少于2000km。

14.5.3 试运行连续20d，运行指标应达到下列要求：
1 列车运行图兑现率不低于98.5%。
2 列车正点率不低于98%。
3 列车服务可靠度不低于2.5万列公里/次。
4 列车退出正线运行故障率不高于0.5次/万列公里。
5 车辆系统故障率应低于5次/万列公里。
6 信号系统故障率不高于1次/万列公里。
7 供电系统故障率不高于0.2次/万列公里。
8 站台门故障率不高于1次/万次。

14.5.4 试运行后应编制试运行结论性总结报告，内容应包括试运行情况、设施设备可靠性和故障率指标等，并应给出投入初期运营的建议。

附录 A 单位工程、分部工程、分项工程和检验批划分表

表 A.0.1 通风、空调与供暖单位工程、分部工程、分项工程和检验批划分表

单位工程	分部工程	子分部工程	分项工程	检 验 批
车站通风、空调与供暖	通风、空调与供暖	送、排风系统	风管与配件制作	按部位
			风管部件制作	按部位
			消声设备制作与安装	按部位
			风管系统安装	按部位
			风机安装	按部位
			风管与设备的防腐与绝热	按部位
			系统调试	按部位
		防、排烟系统	风管与配件制作	按部位
				按部位
			风管部件制作	按部位
			风管系统安装	按部位
			风机安装	按部位
			排烟风口、常闭正压风口与设备安装	按部位
			风管与设备的防腐与绝热	按部位
			系统调试	按部位
		空调系统	风管与配件制作	按部位
				按部位
			风管部件制作	按部位
			风管系统安装	按部位
			风管与设备的防腐与绝热	按部位
			风机安装	按部位
			空调设备安装	按部位
			消声设备制作与安装	按部位
			系统调试	按部位
		制冷设备系统	制冷机组安装	按部位
			制冷剂管道及配件安装	按部位
			制冷附属设备安装	按部位

表 A.0.1（续）

单位工程	分部工程	子分部工程	分项工程	检验批
车站通风、空调与供暖	通风、空调与供暖	制冷设备系统	管道及设备的防腐与绝热	按部位
			系统调试	按部位
		空调水系统	管道系统及部件安装	按部位
			水泵及附属设备安装	按部位
			管道冲洗	按部位
			管道设备防腐	按部位
			管道设备绝热	按部位
			冷却塔与水处理设备安装	按部位
			系统压力试验及调试	按部位
		供暖系统	供暖管道系统安装	按部位
			阀门及部件安装	按部位
			水泵及附属设备安装	按部位
			管道与设备的防腐与绝热	按部位
			系统调试	按部位

表 A.0.2 给水与排水单位工程、分部工程、分项工程和检验批划分表

单位工程	分部工程	子分部工程	分项工程	检验批
车站给水排水系统	给水排水系统	室内给水系统	给水管道及配件安装	按部位
			给水设备安装	按部位
			室内消火栓系统安装	按部位
			消防喷淋系统安装	按部位
			防腐	按部位
			绝热	按部位
			管道冲洗、消毒	按部位
			试验与调试	按部位
		室内排水系统	排水管道及配件安装	按部位
			雨水管道及配件安装	按部位
			排水设备安装	按部位
			防腐	按部位
			试验与调试	按部位
		站内热水供应系统	管道及配件安装	按部位
			辅助设备安装	按部位
			防腐	按部位
			绝热	按部位
			试验与调试	按部位

表 A.0.2（续）

单位工程	分部工程	子分部工程	分项工程	检验批
车站给水排水系统	给水排水系统	室外给水管网	给水管道安装	按部位
			消防水泵接合器及室外消火栓安装	按部位
			管沟及井室	按部位
			试验与调试	按部位
		室外排水管网	排水管道安装	按部位
			排水设备安装	按部位
			排水管沟与井池	按部位
			试验与调试	按部位
		卫生器具安装	卫生器具安装	按部位
			卫生器具给水配件安装	按部位
			卫生器具排水管道安装	按部位
			试验与调试	按部位

表 A.0.3 供电系统单位工程、分部工程、分项工程和检验批划分表

单位工程	分部工程	分项工程	检验批
供电系统	变电所	预埋基础槽钢安装	每一座变电所
		电缆桥支架安装	每一座变电所
		接地装置安装	每一座变电所
		变压器安装	每一座变电所
		整流器柜安装	每一座变电所
		中压交流开关柜安装	每一座变电所
		直流开关柜安装	每一座变电所
		交流开关柜安装	每一座变电所
		交流与直流配电屏安装	每一座变电所
		电力及控制电缆敷设	每一座变电所
		整组传动试验	每一座变电所
		开通试运行	每一座变电所
	接触轨	支撑绝缘子安装	每个区段/站场
		接触轨安装及调整	每个区段/站场
		中间接头安装	每个区段/站场
		中间锚结安装	每个区段/站场
		膨胀接头安装	每个区段/站场
		端部弯头安装	每个区段/站场
		电连接安装	每个区段/站场

表 A.0.3（续）

单位工程	分部工程	分项工程	检 验 批
供电系统	系统电缆	电缆支架安装及接地	每一区间
		电缆敷设及电缆头制作	每一区间
	动力与照明	管、槽安装	每一座车站或每一个区间
		线缆敷设	每一座车站或每一个区间
		环控电控柜安装	每一座车站或每一个区间
		配电箱安装	每一座车站或每一个区间
		灯具及配件安装	每一座车站或每一个区间
		开关、插座安装	每一座车站或每一个区间
		应急照明电源装置安装	每一座车站
		建筑等电位连接	每一座车站或每一个区间
	电力监控	分站硬件安装	每一座车站、控制中心
		分站软件安装	每一座车站、控制中心
		主站硬件安装	每一座车站、控制中心
		主站软件安装	每一座车站、控制中心
		槽道安装及电缆敷设	每一座车站、控制中心
		系统调试	每一座车站、控制中心
	防雷及接地装置	综合接地网施工	每一个车站
		变电所接地线安装	每一个变电所

表 A.0.4 通信系统单位工程、分部工程、分项工程和检验批划分表

单位工程	分部工程	分项工程	检 验 批
通信系统	通信管线	支架与吊架安装	一个站
		桥架安装	
		保护管安装	
		通信管道安装	
		线缆布放	
	通信线路	区间电缆支架	一个区间
		光缆敷设	一个站/区间
		电缆敷设	
		光缆接续及引入	
		电缆接续及引入	
		光缆线路检测	一个中继段/区间
		电缆线路检测	一个音频段/区间
		漏缆敷设	一个敷设段
		漏缆连续及引入	
		漏缆线路检测	

表 A.0.4（续）

单位工程	分部工程	分项工程	检验批
通信系统	传输系统	传输设备安装	一个站
		传输设备配线	
		传输系统性能检测	
		传输系统功能检验	一个系统
		传输系统网管检验	
	无线通信系统	天线杆/塔安装	一处
		天馈安装	
		无线通信设备安装	一个站
		无线通信设备配线	
		无线通信区间设备安装	一个区间
		无线通信区间设备配线	
		无线通信车载设备安装	一列车
		无线通信系统性能检测	一个系统
		无线通信系统功能检验	
		无线通信系统网管检验	
	电话系统	电话设备安装	一个站
		电话设备配线	
		电话系统性能检测	一个系统
		电话功能检验	
		电话网管检验	
	视频监视系统	视频监视设备安装	一个站
		视频监视设备配线	
		视频监视车载设备安装	一列车
		视频监视系统性能检测	一个系统
		视频监视系统功能检验	
		视频监视系统网管检验	
	广播系统	广播设备安装	一个站
		广播设备配线	
		广播系统性能检测	一个系统
		广播系统功能检验	
		广播系统网管检验	
	时钟系统	时钟设备安装	一个站
		时钟设备配线	
		时钟系统性能检测	一个系统
		时钟系统功能检验	
		时钟系统网管检验	

表 A.0.4（续）

单位工程	分部工程	分项工程	检 验 批
通信系统	办公自动化系统	数据网络设备安装	一个站
		数据网络设备配线	
		综合布线	一个单体建筑
		数据网络性能检测	一个系统
		数据网络功能检验	
		数据网络网管检验	
	乘客信息系统	乘客信息系统设备安装	一个站
		乘客信息系统设备配线	
		乘客信息系统区间设备安装	一个区间
		乘客信息系统区间设备配线	
		乘客信息系统车载设备安装	一列车
		乘客信息系统性能检测	一个系统
		乘客信息系统功能检验	
		乘客信息系统网管检验	
	电源及接地系统	电源设备安装	一个站
		电源设备配线	
		接地安装	
		电源系统性能检测	一个系统
		电源系统功能检验	
		电源集中监控系统检验	

表 A.0.5　信号系统单位工程、分部工程、分项工程和检验批划分表

单位工程	分部工程	分项工程	检 验 批
信号系统	信号机、发车指示器、按钮装置安装	信号机安装	一个集中站
		发车指示器安装	一个集中站
		按钮装置安装	一个集中站
	光缆与电缆线路	支架、线槽安装	一个集中站
		光缆与电缆敷设	一个集中站
		光缆与电缆防护	一个集中站
		光缆与电缆接续	一个集中站
		箱盒安装	一个集中站
	列车检测与车地通信设备	信标安装	一个集中站
		AP 天线安装	一个集中站
		计轴装置安装	一个集中站

表 A.0.5（续）

单位工程	分部工程	分项工程	检验批
信号系统	列车检测与车地通信设备	漏缆同轴电缆敷设	一个敷设段
		LTE-M 室外设备安装	一个集中站
	车载设备	机柜及设备、人机界面安装	一列车
		天线及测速装置安装	一列车
		车载设备配线	一列车
	室内设备	机柜安装	一个集中站
		走线架、线槽安装	一个集中站
		光缆与电缆引入及安装	一个集中站
		操作显示设备安装	一个集中站
		大屏设备安装	一个控制中心
		电源设备安装	一个集中站
		室内设备配线	一个集中站
	防雷及接地设备	防雷设施安装	一个集中站
		接地装置安装	一个集中站

表 A.0.6 综合调度自动化系统单位工程、分部工程、分项工程和检验批划分表

单位工程	分部工程	分项工程	检验批
综合调度自动化系统	综合调度自动化系统	线槽敷设	一个站
		线缆敷设	一个站
		机柜安装	一个站
		工作站安装	一个站
		电源装置安装	一个站
		接地装置安装	一个站

表 A.0.7 自动售检票系统单位工程、分部工程、分项工程和检验批划分表

单位工程	分部工程	分项工程	检验批
自动售检票系统	线缆管槽安装验收	线缆管槽敷设	一个站
		线缆管槽接头	一个站
		线缆管槽端口	一个站
		电缆桥架的安装	一个站
	线缆敷设及检测	线缆敷设	一个站
		线缆引入	一个站
		线缆接续	一个站
		线缆特性检测	一个站
	车票与车票读写机具	车票读写机具检测	抽验

表 A.0.7（续）

单位工程	分部工程	分项工程	检验批
自动售检票系统	车站终端设备	车站终端设备安装	一个站
		机房设备安装	一个站
		紧急按钮安装	一个站
		设备配线	一个站
		自动检票机	一个站
		半自动售票机	一个站
		自动售票机	一个站
		自动加值机、自动验票机、便携式验票机	一个站
		设备配线	一个站
		车站局域网	一个站
	线路中央计算机系统	机房设备安装	一个中心
		设备配线	一个中心
		车站局域网	一个中心
		系统功能检测	一个中心
		紧急按钮检测	一个系统
	票务清分系统	机房设备安装	一个中心
		设备配线	一个中心
		票务清分系统计算机局域网	一个系统
		票务清分系统功能检测	一个系统
		容灾备份功能检测	一个系统
		网络化运营验收检测	一个系统
	系统调试	系统性能检测	一个系统
		系统接入线网功能检测	一个系统
		外部接口功能检测	一个系统
	电源、接地、防雷与电磁兼容	电源设备安装	一个站
		电源布线	一个站
		防雷与接地	一个站
		电源与接地	一个站

表 A.0.8 火灾自动报警系统单位工程、分部工程、分项工程划分表

单位工程	分部工程	分项工程	
火灾自动报警系统	材料、设备进场检查	材料类	管材、槽盒、电缆电线
		控制与显示类设备	火灾报警控制器、消防联动控制器、火灾显示盘、控制中心监控设备、消防电话总机、可燃气体报警控制器、电气火灾监控设备、消防设备电源监控器、消防控制室图形显示装置、传输设备、消防应急广播控制装置等

表 A.0.8（续）

单位工程	分部工程	分项工程	
火灾自动报警系统	材料、设备进场检查	探测器类设备	点型感烟火灾探测器、点型感温火灾探测器、一氧化碳火灾探测器、独立式火灾探测报警器、线型光束感烟火灾探测器、线型感温火灾探测器、管路采样式吸气感烟火灾探测器、点型火焰探测器、图像型火灾探测器、点型可燃气体探测器、线型可燃气体探测器、电气火灾监控探测器等
		其他设备	手动火灾报警按钮、消火栓按钮、手动控制装置、手动与自动转换装置、现场启动和停止按钮、模块、消防电话分机、电话插孔、火灾警报器、喷洒光警报器、扬声器、手动与自动控制状态显示装置、消防设备应急电源、传感器、防火门监控模块、电气控制装置等
	安装与施工	材料类	管材、槽盒、电缆电线
		探测器类设备	火灾报警控制器、消防联动控制器、火灾显示盘、控制中心监控设备、消防电话总机、可燃气体报警控制器、电气火灾监控设备、消防设备电源监控器、消防控制室图形显示装置、传输设备、消防应急广播控制装置、点型感烟火灾探测器、点型感温火灾探测器、一氧化碳火灾探测器、独立式火灾探测报警器、线型光束感烟火灾探测器、线型感温火灾探测器、管路采样式吸气感烟火灾探测器、点型火焰探测器、图像型火灾探测器、点型可燃气体探测器、线型可燃气体探测器、电气火灾监控探测器等
		其他设备	手动火灾报警按钮、消火栓按钮、手动控制装置、手动与自动转换装置、现场启动和停止按钮、模块、消防电话分机、电话插孔、火灾警报器、喷洒光警报器、扬声器、手动与自动控制状态显示装置、消防设备应急电源、传感器、防火门监控模块、电气控制装置等
	系统调试	探测器类设备	火灾报警控制器、消防联动控制器、火灾显示盘、控制中心监控设备、消防电话总机、可燃气体报警控制器、电气火灾监控设备、消防设备电源监控器、消防控制室图形显示装置、传输设备、消防应急广播控制装置等
		控制器类设备	点型感烟火灾探测器、点型感温火灾探测器、一氧化碳火灾探测器、独立式火灾探测报警器、线型光束感烟火灾探测器、线型感温火灾探测器、管路采样式吸气感烟火灾探测器、点型火焰探测器、图像型火灾探测器、点型可燃气体探测器、线型可燃气体探测器、电气火灾监控探测器等
		其他设备	手动火灾报警按钮、消火栓按钮、手动控制装置、手动与自动转换装置、现场启动和停止按钮、模块、消防电话分机、电话插孔、火灾警报器、喷洒光警报器、扬声器、手动与自动控制状态显示装置、消防设备应急电源、传感器、防火门监控模块、电气控制装置等
		系统功能	火灾警报与消防应急广播系统、防火卷帘系统、防火门监控系统、气体灭火系统、自动喷水灭火系统、消火栓系统、防烟排烟系统、消防应急照明和疏散指示系统、电梯和非消防电源等相关系统

表 A.0.8（续）

单位工程	分部工程	分项工程	
火灾自动报警系统	系统检测、验收	文件类	齐备性、符合性核查
		消防控制室	设置情况、设备配置、设备布置、存档文件资料、接地
		材料类	管材、槽盒、电缆电线
		控制与显示类设备	火灾报警控制器、消防联动控制器、火灾显示盘、控制中心监控设备、消防电话总机、可燃气体报警控制器、电气火灾监控设备、消防设备电源监控器、消防控制室图形显示装置、传输设备、消防应急广播控制装置等
		探测器类设备	点型感烟火灾探测器、点型感温火灾探测器、一氧化碳火灾探测器、独立式火灾探测报警器、线型光束感烟火灾探测器、线型感温火灾探测器、管路采样式吸气感烟火灾探测器、点型火焰探测器、图像型火灾探测器、点型可燃气体探测器、线型可燃气体探测器、电气火灾监控探测器等
		其他设备	手动火灾报警按钮、消火栓按钮、手动控制装置、手动与自动转换装置、现场启动和停止按钮、模块、消防电话分机、电话插孔、火灾警报器、喷洒光警报器、扬声器、手动与自动控制状态显示装置、消防设备应急电源、传感器、防火门监控模块、电气控制装置等
		系统功能	火灾警报与消防应急广播系统、防火卷帘系统、防火门监控系统、气体灭火系统、自动喷水灭火系统、消火栓系统、防烟排烟系统、消防应急照明和疏散指示系统、电梯和非消防电源等相关系统

表 A.0.9 安全防范系统单位工程、分部工程、分项工程和检验批划分表

单位工程	分部工程	分项工程	检验批
安全防范系统	入侵报警系统	入侵报警系统设备安装和配线	一个系统
		入侵报警系统性能调试	一个系统
		入侵报警系统功能检验	一个系统
	门禁系统	线槽敷设	一个站
		线缆敷设	一个站
		线管敷设	一个站
		机柜安装	一个站
		控制箱安装	一个站
	电子巡查系统	电子巡查系统设备安装及配线	一个系统
		电子巡查系统系统性能调试	一个系统
	安全检查系统	安全检查系统设备安装及配线	一个站
		安全检查系统系统调试	一个站
	防雷及接地	防雷设备安装和配线	一个站
		接地装置安装	一个站
		接地装置检测	一个站
		系统调试	一个系统

本标准用词说明

1 为便于在执行本标准条文时区别对待,对要求严格程度不同的用词说明如下:
1)表示严格,在正常情况下均应这样做的:
正面词采用"应",反面词采用"不应"或"不得"。
2)表示允许稍有选择,在条件许可时首先应这样做的:
正面词采用"宜",反面词采用"不宜"。
3)表示有选择,在一定条件下可以这样做的,采用"可"。
2 条文中指明应按其他有关标准执行的写法为"可按……执行"或"应符合……的规定"或"应按……执行"。

引用的标准规范名录

1. 《高压/低压预装式变电站》（GB/T 17467）
2. 《声环境质量标准》（GB 3096）
3. 《火灾报警控制器》（GB 4717）
4. 《工业建筑供暖通风与空气调节设计规范》（GB 50019）
5. 《建筑照明设计标准》（GB 50034）
6. 《低压配电设计规范》（GB 50054）
7. 《建筑物防雷设计规范》（GB 50057）
8. 《爆炸危险环境电力装置设计规范》（GB 50058）
9. 《3~110kV高压配电装置设计规范》（GB 50060）
10. 《自动化仪表工程施工及质量验收规范》（GB 50093）
11. 《电气装置安装工程 高压电器施工及验收规范》（GB 50147）
12. 《电气装置安装工程 电力变压器、油浸电抗器、互感器施工及验收规范》（GB 50148）
13. 《电气装置安装工程 母线装置施工及验收规范》（GB 50149）
14. 《电气装置安装工程 电气设备交接试验标准》（GB 50150）
15. 《地铁设计规范》（GB 50157）
16. 《火灾自动报警系统施工及验收规范》（GB 50166）
17. 《电气装置安装工程 电缆线路施工及验收标准》（GB 50168）
18. 《电气装置安装工程 盘、柜及二次回路接线施工及验收规范》（GB 50171）
19. 《电气装置安装工程 蓄电池施工及验收规范》（GB 50172）
20. 《混凝土结构工程施工质量验收规范》（GB 50204）
21. 《电力工程电缆设计标准》（GB 50217）
22. 《建筑给水排水及采暖工程施工质量验收规范》（GB 50242）
23. 《通风与空调工程施工质量验收规范》（GB 50243）
24. 《给水排水管道工程施工及验收规范》（GB 50268）
25. 《制冷设备、空气分离设备安装工程施工及验收规范》（GB 50274）
26. 《建筑电气施工质量验收规范》（GB 50303）
27. 《电梯工程施工质量验收规范》（GB 50310）
28. 《建筑物电子信息系统防雷技术规范》（GB 50343）
29. 《安全防范工程技术标准》（GB 50348）

30	《城市轨道交通通信工程质量验收规范》（GB 50382）
31	《城市轨道交通技术规范》（GB 50490）
32	《石油化工金属管道工程施工质量验收规范》（GB 50517）
33	《民用建筑节水设计标准》（GB 50555）
34	《建筑物防雷工程施工与质量验收规范》（GB 50601）
35	《民用建筑供暖通风与空气调节设计规范》（GB 50736）
36	《通风与空调工程施工规范》（GB 50738）
37	《无障碍设计规范》（GB 50763）
38	《建筑机电工程抗震设计规范》（GB 50981）
39	《城市轨道交通公共安全防范系统工程技术规范》（GB 51151）
40	《建筑防烟排烟系统技术标准》（GB 51251）
41	《地铁设计防火标准》（GB 51298）
42	《消防应急照明和疏散指示系统技术标准》（GB 51309）
43	《民用建筑电气设计标准》（GB 51348）
44	《生活饮用水卫生标准》（GB 5749）
45	《电梯制造与安装安全规范》（GB 7588）
46	《电梯技术条件》（GB/T 10058）
47	《电梯试验条件》（GB/T 10059）
48	《电梯安装验收规范》（GB/T 10060）
49	《高压开关设备和控制设备标准的共用技术要求》（GB/T 11022）
50	《组合式空调机组》（GB/T 14294）
51	《电能质量 公用电网谐波》（GB/T 14549）
52	《同步数字体系（SDH）光缆线路系统进网要求》（GB/T 15941）
53	《城市轨道交通照明》（GB/T 16275）
54	《同步数字体系（SDH）光缆线路系统测试方法》（GB/T 16814）
55	《电梯、自动扶梯和自动人行道维修规范》（GB/T 18775）
56	《交流电气装置的接地设计规范》（GB/T 50065）
57	《地下铁道工程施工质量验收标准》（GB/T 50299）
58	《城市轨道交通自动售检票系统工程质量验收标准》（GB/T 50381）
59	《地下铁道工程施工标准》（GB/T 51310）
60	《入侵与紧急报警系统技术要求》（GB/T 32581）
61	《城市轨道交通站台屏蔽门》（CJ/T 236）
62	《城市轨道交通钢铝复合导电轨技术要求》（CJ/T 414）
63	《建筑机电设备抗震支吊架通用技术条件》（CJ/T 476）
64	《视频安防监控系统技术要求》（GA/T 367）
65	《出入口控制系统技术要求》（GA/T 394）
66	《电子巡查系统技术要求》（GA/T 644）

67 《混凝土结构后锚固技术规程》（JGJ 145）
68 《混凝土用机械锚栓》（JG/T 160）
69 《电梯监督检验和定期检验规则》（TSG T7001）
70 《光波分复用（WDM）系统测试方法》（YD/T 1159）
71 《基于SDH的多业务传送节点技术要求》（YD/T 1238）
72 《光波分复用系统（WDM）技术要求——160×10Gb/s、80×10Gb/s 部分》（YD/T 1274）
73 《基于SDH的多业务传送节点测试方法》（YD/T 1276）
74 《光传送网（OTN）网络总体技术要求》（YD/T 1990）
75 《光传送网（OTN）测试方法》（YD/T 2148）

涉及专利和专有技术名录

1 国家专利

[1] 中铁建电气化局集团第一工程有限公司．一种悬挂式单轨交通电动施工作业平台：中国，201821094855.5［P］．2019-02-19．

[2] 中铁建电气化局集团第一工程有限公司．一种悬挂式单轨交通箱梁内运营检修平台：中国，2018 2 2073017.6［P］．2019-10-11．

[3] 中铁建电气化局集团第一工程有限公司．一种悬挂式单轨交通箱梁侧面光电缆敷设装置：中国，2018 2 2103558.9［P］．2019-08-27．

本文件的发布机构提请注意，声明符合本文件时，可能涉及相关专利的使用。

本文件的发布机构对于该专利的真实性、有效性和范围无任何立场。

该专利持有人已向本文件的发布机构保证，他愿意同任何申请人在合理且无歧视的条款和条件下，就专利授权许可进行谈判。该专利持有人的声明已在本文件的发布机构备案。相关信息可通过以下联系方式获得：

专利持有人姓名：中铁建电气化局集团第一工程有限公司

地址：洛阳市洛龙区白马寺18号

请注意除上述专利外本文件的某些内容仍可能涉及专利。本文件的发布机构不承担识别这些专利的责任。

2 工法

[1] 中铁建电气化局集团第一工程有限公司．悬挂式单轨交通箱梁侧面光电缆线路施工工法［D］．北京：中国铁建电气化局集团有限公司，2019．

[2] 中铁建电气化局集团第一工程有限公司．悬挂式单轨交通箱梁内C型接触轨施工工法［D］．北京：中国铁建电气化局集团有限公司，2019．